Licht 49'9" vom Dockschiff. BB vorn x StB hinten Heiza[...]
StB vorn und BB hinten Heeckmann
2 mal gestrichen
März 10 aus dem Dock geholt.

No 27   Köln.

März 11 im Dock gesetzt. Aufgang 16'4" x 11'[..]
Licht 56'4" vom Schiff kann noch hinten gesetzt werden
[14" 10"] über den frühere Kimmschaden. StB Ratjen
BB Hoveling. 3 mal gestrichen
März 13 aus dem Dock geholt.

28.   Bremen.

April 2 im Dock gesetzt. Licht 46' vom Dockschiff
Aufgang 21' x 14'3". StB Ratjen. BB Hoveling
2 mal gestrichen.
April 4 aus dem Dock geholt.

29   Königin Louise.

April 6 im Dock geholt. Aufgang 19' x 14[..]
Licht 56'2" vom Dockschiff. 2 mal gestrichen von
Lahmeyer mit Hovelings Farbe

April 11 aus dem Dock geholt.

30   Borkum.   Ellen Rickmers

April 11 im Dock geholt. Licht ruck 57'9"
Aufgang 11'6" x 10'9". 2 mal gestrichen mit Hovelings
Farbe.

100 JAHRE KAISERDOCK I

100 JAHRE KAISERDOCK I

1899 – 1999

Lloyd Werft Bremerhaven GmbH

Schutzumschlag   Umschlag des historischen Dockbuches
Vorsatz   Auszug aus dem historischen Dockbuch

100 Jahre Kaiserdock I 1899 – 1999
IMPRESSUM

Herausgeber	Lloyd Werft Bremerhaven GmbH
	© 1. Auflage, Lloyd Werft Bremerhaven GmbH
Verlag	Nordwestdeutsche Verlagsgesellschaft mbH, Bremerhaven
Gesamtauflage	3.000 Exemplare
Texte	Dirk J. Peters, Dieter Haake, Kurt Satow
Fotos	Fotografien siehe Seite 93
Dokumentation	Dirk J. Peters, Dieter Haake, Kurt Satow
Gestaltung	Braue Design, Bremerhaven
Umschlag	Nordwestdeutsche Verlagsgesellschaft mbH, Bremerhaven
Lithografie	ATL Refolith GmbH, Bremen
Druck	Druckerei Ditzen GmbH & Co. KG, Bremerhaven
ISBN	3-933885-08-6

100 Jahre Kaiserdock I 1899 – 1999
INHALT

6-13   Kaiserdock I mit Maschinenhaus: 100 Jahre in Betrieb
von Dirk J. Peters, Deutsches Schiffahrtsmuseum, Bremerhaven

14-69   Abbildungen von gedockten Schiffen

70-71   Die Modernisierung des Kaiserdocks I und der Pumpenanlage: Wir investieren in die Zukunft
von Kurt Satow, Lloyd Werft Bremerhaven GmbH, Bremerhaven

72-79   Mitarbeiter der Lloyd Werft Bremerhaven GmbH, Stand September 1999

80-89   Ehemalige der Lloyd Werft Bremerhaven GmbH, Stand September 1999

90-93   Benutzte Literatur und Bildnachweis

Kaiserdock I mit Maschinenhaus 1899-1999
100 JAHRE IN BETRIEB

Dirk J. Peters, Deutsches Schiffahrtsmuseum

Am 21. September 1899 wurde in Anwesenheit des Staatssekretärs Alfred von Tirpitz vom Reichsmarineamt durch den bremischen Senator Barkhausen das damals größte deutsche Trockendock, das bei Fertigstellung zu den bedeutendsten Anlagen seiner Art auf der ganzen Welt gehörte, an den 1857 in Bremen gegründeten Norddeutschen Lloyd (NDL) übergeben, der das Kaiserdock vom bremischen Staat langfristig für die Reparatur seiner Schnelldampferflotte gepachtet hatte.

Gruppenfoto der Techniker und Arbeiter in der Dockkammer um 1898

Seit 1862 unterhielt der NDL in Bremerhaven an der westlichen Seite des Alten Hafens und am Südende des Neuen Hafens eine Reparaturwerkstatt für die Instandsetzung der eigenen Schiffe, einer Filiale des Bremer Ausbesserungsbetriebes. Aus dieser bescheidenen Werkstatt entwickelte sich der Technische Betrieb des NDL in Bremerhaven. Die Lloyddampfer wurden in den bestehenden Dockanlagen an der Geeste von Lange, Wencke, Tecklenborg, Schau & Oltmanns sowie Ulrichs überholt. Da die Schiffe ständig größer wurden, reichten die Kapazitäten der Geeste-Docks nicht mehr aus. Als Konsequenz ließ der NDL an der Westseite des Neuen Hafens 1870/71 ein eigenes Doppeltrockendock mit Werkstätten errichten, das 1872 in Betrieb gehen konnte. Auch dieses Dock konnte auf Dauer mit der raschen Vergrößerung der Reederei durch den ansteigenden Übersee- und Auswandererverkehr nicht Schritt halten.

Die Fertigstellung des Kaiserdocks mit dem kombinierten Maschinen- und Pumpenhaus sowie dem Kesselhaus bildete den Abschluß der großen Kaiserhafenerweiterung in Bremerhaven, die der bremische Staat von 1892 bis 1899 durchführen ließ und die in erster Linie für die großen Schnelldampfer des NDL erfolgt war, der seine Schiffe nach einem siebenjährigen Exil auf der oldenburgischen Weserseite in Nordenham ab 1897 wieder in Bremerhaven abfertigen lassen konnte und ab 1899 auch nicht mehr in England docken zu lassen brauchte.

Unter der Aufsicht des bremischen Oberbaudirektors Ludwig Franzius führte der Leiter der Hafenbaubehörde in Bremerhaven, Baurat R. Rudloff, die anspruchsvollen Wasser- und Betonbauarbeiten aus. Als örtliche Bauleiter fungierten der Baumeister F. Claussen, der spätere Hafenbaudirektor in Bremerhaven, und der Ingenieur O. Günther. Die Herstellung der gesamten Kaiserdockanlage, einschließlich der Fertigstellung des Vorbassins, des Reparaturbeckens sowie der gesamten technischen Ausrüstung, kostete etwa 6 Millionen Reichsmark und wurde von 1895 bis 1899 ausgeführt. Die Erd- und Baggerarbeiten führten das Bremer Unternehmen J. F. Conradi, das auch die Mauer-

und Betonarbeiten übernommen hatte, sowie die Firma A. Höschele aus Halle (Saale) durch. Der Geestemünder Architekt und Bauunternehmer Bernhard Scheller sowie die Leher Baufirma Wilhelm Rogge waren an den Ramm- und Zimmerarbeiten beteiligt. Für die Herstellung der Kielstapel und Kimmschlitten des Kaiserdocks war der Bremerhavener Betrieb von J. G. Möbius verantwortlich. Die Bremer Werft und Maschinenfabrik AG Weser lieferte den Hebeponton für den Dockverschluß sowie den dazugehörenden Kran von 20 Tonnen Tragkraft. Das Dockpumpwerk mit den Dampfmaschinen stammte von dem in Düsseldorf-Grafenberg ansässigen Maschinenbauunternehmen Haniel & Lueg. Für die Dampfkessel erhielt das Ottenser Eisenwerk den Auftrag, während die Benrather Maschinenfabrik und die Gutehoffnungshütte aus Oberhausen sowie die Berliner Elektrizitätsgesellschaft Union den Auftrag für den großen Hammerkran von 150 Tonnen Tragkraft und die beiden Dockkrane mit 50 Tonnen Tragkraft erhalten hatten. Die elektrische Licht- und Kraftanlage entstand in Zusammenarbeit von der Firma Helios aus Köln-Ehrenfeld sowie der Leipziger Maschinenbau A.-G. Die elektrischen Spille lieferten die Berliner Firmen Carl Hoppe und die Elektrizitätsgesellschaft Union, wohingegen die Schützaufzüge von dem Braunschweiger Unternehmen G. Luther sowie von der Leipziger Maschinenbau A.-G. montiert wurden. Neben einigen hiesigen Betrieben wirkten insbesondere bei der technischen Ausrüstung für das Kaiserdock etliche bekannte deutsche Spezialfirmen mit. Das Trockendock mit massiver Sohle und massiven Seitenwänden war für Schiffe von 222 m Länge, 25 m Breite und 10 m Tiefgang ausgelegt und bereits während der Planung mehrfach erweitert worden, um die größten Schnelldampfer der Lloyd-Flotte auch aufnehmen zu können. Ursprünglich sollte das Kaiserdock auch für die Zwecke der Kaiserlichen Marine dienen. Das Reichsmarineamt hatte sich mit einem Zuschuß an dem Bau des Trockendocks in Bremerhaven beteiligt. Da die Marine aber inzwischen in Wilhelmshaven und Kiel eigene Dockkapazitäten errichten konnte, erhielt sie den Baukostenzuschuß zurückerstattet. Außerdem wollte der NDL das Kaiserdock ausschließlich für seine eigenen Schiffe nutzen. Als erstes Schiff dockte probeweise vom 8. bis zum 12. September 1899 der Lloyddampfer PRINZ-REGENT LUITPOLD, bevor die amtliche Übergabe seitens des bremischen Staates an den NDL am 21. September 1899 mit der Dockung des damals größten Vierschornstein-Schnelldampfers des NDL,

PRINZ-REGENT LUITPOLD im Dock am 8. September 1899

KAISER WILHELM DER GROSSE, erfolgte. Die jährliche Pacht betrug 120 000 Reichsmark. Die neue Kaiserdockanlage konnte genau zwei Jahre nach der Erweiterung des Kaiserhafens mit der Fertigstellung der großen Kaiserschleuse, der am 1. September 1897 dem Verkehr übergeben und am 20. September 1897 offiziell eingeweiht worden war, in Betrieb gehen. Damit wurde auch eine Bedingung des Deutschen Reiches erfüllt.

docks I konstruiert worden und wies mit 267,90 m Länge, einer Einfahrtsbreite von 40,26 m und einer Tiefe von 11,56 m bei mittlerem Hochwasser erheblich

KAISER WILHELM DER GROSSE vor der Eindockung am 21. September 1899

Rechts oben:
WESERSTEIN im Dock am 25. Januar 1973

Schon mit der Übernahme des Kaiserdocks durch den Technischen Betrieb des NDL war aber absehbar, daß diese Dockeinrichtung auf absehbare Zeit nicht ausreichen würde. So erwarb der bremische Staat schon 1905 von Preußen erneut Gelände, um im Zuge der Hafenerweiterungsbaumaßnahmen (Kaiserhafen II und Kaiserhafen III) nördlich des bisherigen Hafengebietes von 1908 bis 1913 das Kaiserdock II zu erstellen. Das neue Dock war nach dem Vorbild des Kaiser-

größere Dimensionen auf. 1930/31 mußte das Kaiserdock II für die Schnelldampfer BREMEN und EUROPA sogar noch um 67 m auf 335 m verlängert werden.

Das erste Kaiserdock erstreckt sich in nordsüdlicher Richtung westlich des damaligen Kaiserhafens und wurde in massiver Betonbauweise mit Ziegel- und Granitverkleidung hergestellt, wobei die Sohle aus unter Wasser gegossenem Beton besteht, der eine Stärke bis zu 7 m aufweist. In die Dockwände, die sich in Form von Geschossen schräg nach oben erweitern, sind Treppen eingebaut. Auf dem Dockboden befinden sich 142 hölzerne Kielstapel und an beiden Seiten je 22 hölzerne bewegliche Kimmschlitten, die den Schiffskörper abstützen und gegen Umfallen sichern. An der Spitze der Dockkammer ist eine Betontafel mit der Inschrift „ERBAUT in den Jahren 1896 – 1899" angebracht.

Als Dockverschluß hatten die bremischen Hafenbauingenieure aus Kostengründen anstelle eines Schiebetores wie bei der neuen Kaiserschleuse einen eisernen Hebeponton, einen schwimmenden Hohlkörper, gewählt. Dieses Verschlußsystem hatte schon bei dem Lloyddock am Neuen Hafen und bei den älteren Trockendocks an der Geeste Verwendung gefunden. Bei kleineren Schiffen, die das riesige Dock nicht ausfüllten, konnte das Dock schon nach 165,80 m mit dem Hebeponton abgedichtet werden.

An der südlichen Westseite der Dockkammer befinden sich das kombinierte Maschinen- und Pumpenhaus sowie das Kesselhaus mit dem Schornstein. Beide Gebäude wurden in Ziegelmauerwerk mit Verputz hergestellt und mit großen Fenstern, die für ausreichendes Tageslicht sorgen, ausgestattet. Das Schieferdach trägt zwei Dachreiter mit Lüftungsschächten für die ausstrahlende Wärme. Das bremische Staatswappen mit dem Schlüssel auf rotem Feld und die Stadtkrone über den beiden mittleren Fenstern des Maschinenhauses zur Dockseite weisen auf den Bauherrn hin. Für das Entleeren des Docks sind zwei große Zentrifugalpumpen mit einem Durchmesser von 5 m im Keller des Maschinenhauses vorhanden, die von zwei direkt gekuppelten, stehenden Dreifach-Expansionsmaschinen mit Oberflächenkondensation durch Dampf angetrieben werden, die eine Leistung von je 600 PS aufweisen. Innerhalb von 2,5 Stunden kann die Dockkammer geleert werden. Mit Hilfe von kleineren dampfangetriebenen Pumpen mit einer Leistung von je 30 PS kann das Leckwasser, das während des laufenden Dockbetriebes auftritt, entfernt werden. Elektrisch angetriebene Pumpen haben diese Funktion inzwischen übernommen. Das Wasser fließt durch Ablaufkanäle in das Hafenbassin. Das Füllen des Docks geschieht innerhalb von 120 Minuten durch zwei Einlaufkanäle, die vom Hafenbecken aus in die seitlichen Dockkammermauern münden und die durch zwei hölzerne Schützen abgedichtet werden.

Der für die Pumpen und Maschineneinrichtungen erforderliche Dampf wurde mit Hilfe von vier Doppelkesseln erzeugt. Während die bremischen Hafenbauingenieure bei der neuen Kaiserschleuse für die Antriebe der Schleusentore, Schütze, Spille und Krane noch das Hydrauliksystem verwendeten, wie es in England üblich war, kam beim Kaiserdock schon der elektrische Antrieb für die Spille, Schütze und vier Dockkrane zum Tragen. Sowohl für die Kraftübertragung als auch für die Beleuchtung der Dockeinrichtungen wurde elektrischer Gleichstrom von 110 Volt Spannung benutzt, wie er auch im Schiffsbetrieb beim NDL verwendet wurde. Die elektrische Kraftzentrale wurde im Maschinen- und Pumpenhaus untergebracht. Zwei stehende Compound-Dampfmaschinen, die mit zwei

Das gefüllte Dock mit dem Maschinenhaus, 1988

Die Abbildungen der Reihenfolge nach:

Maschinenhaus mit der kompletten originalen technischen Ausstattung, 1996

Dampfmaschine für den Antrieb der Dockpumpe, 1999

Dampfmaschine und Dockpumpe, 1999

Schalttafel, 1996

Gleichstrom-Maschinen direkt verbunden waren, lieferten den erforderlichen Strom.

Das Kaiserdock I mit dem Maschinenhaus und den dampfangetriebenen Dockpumpen von 1899 ist seit hundert Jahren ohne große Störungen in Betrieb, was für die Qualität der Anlage aber auch für die sorgfältige Wartung durch die Mitarbeiter der Lloyd Werft spricht.

Im Laufe der letzten Jahrzehnte mußten diverse Umbauarbeiten durchgeführt werden. Die Docksohle wurde erneuert. Außerdem wurden die Stufen an den

Dockwänden beseitigt. Auch die originalen vorhandenen vier Krane mußten durch moderne und leistungsfähigere Hebesysteme ersetzt werden. Die vier Wasserrohrkessel und zwei Lichtmaschinen sind außer

Betrieb. Der Schornstein des Pumpenhauses wurde ebenfalls gekappt. Für die Trockenhaltung des Docks sorgen jetzt elektrisch angetriebene Pumpen. Im Prinzip hat sich der Dockvorgang aber kaum verändert. Aus Kostengründen sind heute nur noch sehr wenige Mitarbeiter bei der Lloyd Werft für den Betrieb des Kaiserdocks I zuständig.

Insbesondere das Maschinen- und Pumpenhaus mit seiner fast komplett vorhandenen originalen Inneneinrichtung mit den Pumpen, Maschinen, der Schalttafel sowie der Werkstatt stellte ein einzigartiges Ensemble des Dampfmaschinenzeitalters dar und konnte ohne Übertreibung als ein nationales Denkmal der deutschen Schiffahrts- und Technikgeschichte eingestuft werden, das aber leider nicht erhalten werden konnte. Wegen der Modernisierung der werfteigenen Energieversorgung aus Wettbewerbs- und Kostengründen auf der Basis einer ökologisch sinnvollen Versorgung mit elektrischer Energie in Verbindung mit den Stadtwerken Bremerhaven mußten die originalen Dampfmaschinen mit den Pumpen von 1899 ersetzt werden.

Als außerordentlich wichtige Quellen erweisen sich die erhalten gebliebenen handgeschriebenen Dockbücher sowie die Maschinentagebücher, die jede Dockung mit den auszuführenden Arbeiten genau festgehalten haben. Im Laufe von 100 Jahren sind im Kaiserdock I 4861 Dockungen durchgeführt worden. Viele Schiffe des NDL haben regelmäßig alle paar Jahre zu den Inspektionen im Kaiserdock I gelegen. Auch Schleusentore und Krane sind gedockt worden. Die VISTAFJORD von der Cunard-Reederei, ein guter Kunde der Lloyd Werft, die den Traditionsnamen CARONIA erhielt, verließ am 7. Dezember 1999 das Kaiserdock I. Dieser Kreuzliner war das letzte Schiff, bei dem die beiden historischen Dampfmaschinen von 1899, die originalen Dockpumpen angetrieben haben, gemeinsam in Aktion traten.

Das Kaiserdock I spiegelt auch die Geschichte des Technischen Betriebes des NDL wider, der alle Krisen- und Boomzeiten des deutschen Schiffbaus und der deutschen Schiffahrt in den vergangenen hundert Jahren miterlebt hat. Kurz vor dem Ersten Weltkrieg waren hier etwa 2400 Mitarbeiter tätig. Damit beschäftigte das Reparaturunternehmen des NDL mehr Angestellte und Arbeiter als die berühmte Tecklenborg-Werft. Im Ersten Weltkrieg war der Technische Betrieb wie viele andere deutsche Schiffbaufirmen in der Rüstungsproduktion tätig. Handelsdampfer wurden zu Hilfskreuzern und Sperrbrechern umgebaut. Außerdem wurden Kriegsschiffe wie z. B. U 21 (Dockung Nr. 1443) 1917 überholt.

Dampfmaschine, 1996

Nach Kriegsende gab es durch die Reparationsleistungen des Deutschen Reiches und durch schiffbaufremde Fertigung wieder Arbeit. Die Krisenzeiten des deutschen Schiffbaus in den 1920er Jahren konnte der Technische Betrieb, der seit 1920 als selbständige GmbH geführt wurde, recht und schlecht überleben. Als Dockung Nr. 1565 ist 1923 die CITY OF MANCHESTER verzeichnet. Die Werft diente als Abwrackstation und nahm auch Umbauaufträge für fremde Rechnung an. 1926 zählte das Unternehmen nur 700 Mitarbeiter. Lohneinbußen und Kurzarbeit waren die Regel. Erst mit der Indienststellung der BREMEN und EUROPA konnte die Auslastung des Betriebes verbessert werden, der um 1930 wieder ca. 1200 Mitarbeiter zählte. Der Technische Betrieb wurde von 1936 bis 1941 endgültig in die Kaiserhäfen verlagert, da sich die Kriegsmarine für das Areal am Neuen Hafen interessierte. Das vorher genutzte Lloyddock an der Westseite des Neuen Hafens mußte 1937 wegen Baufälligkeit stillgelegt werden. Die Werft wurde 1937 in die Reederei integriert. Als Dockung Nr. 1981 ist in diesem Zeitraum der NDL-Dampfer NECKAR registriert. Im Zweiten Weltkrieg wurde das Unternehmen ganz in den Dienst der Rüstungsproduktion gestellt. In den Kaiserdocks lagen überwiegend Marinefahrzeuge. Beispielsweise dockte 1941 als Nr. 2220 der Zerstörer HANS LODY.

Nach 1945 mußten zuerst Reparaturaufträge für die amerikanische Besatzungsmacht abgewickelt werden. Als Dockung Nr. 2506 ist für 1946 die S.S. HENRY GIBBINS erwähnt. Nach der Freigabe des Schiffbauverbots und dem Aufbau einer neuen Handelsflotte in Deutschland konnte der Technische Betrieb wieder zahlreiche Aufträge verbuchen. Es wurden jetzt nicht nur die Schiffe der eigenen Reederei instand gesetzt, sondern die Werft spezialisierte sich auf Umbauten jeglicher Art. Die MAI RICKMERS dockte 1954 unter der Nr. 2970. Von 1961 bis 1963 und 1965 entstanden hier die Hafenschlepper JUPITER, LÖWE, WIDDER und NORDSTERN als Neubauten für die eigene Reederei. 1968 kaufte der NDL das Kaiserdockareal vom bremischen Staat und erweiterte und modernisierte die Fertigungsanlagen. Nach der 1970 erfolgten Fusion der Großreedereien Hapag und NDL hieß das Unternehmen „Werftbetrieb der Hapag-Lloyd AG". 1973 wurde die Lloyd Werft wieder eine von der Reederei unabhängige Firma. Als Dockung Nr. 4282 ist der Schwimmbagger JOHANNES GÄHRS für 1974 verzeichnet. Aber auch die Einheiten der deutschen Marine wie die Fregatte KARLSRUHE (Dockung Nr. 4285) sind häufige Dockbenutzer bis heute geblieben. Die Schiffe der Hapag-Lloyd-Reederei wie die LEVERKUSEN (Dockung Nr. 4302) gehören jedoch weiterhin zur Stammkundschaft. Seit 1984 gehörte die Werft als eigenständiges Tochterunternehmen zur Bremer Vulkan AG. Die Werft firmierte nun unter dem Namen „Lloyd Werft Bremerhaven GmbH".

Die letzten drei Jahrzehnte spezialisierte sich der ehemalige Technische Betrieb des NDL, der etwa im Durchschnitt 1000 Mitarbeiter beschäftigte, auf den Umbau von Passagierschiffen.

Spektakuläre Reparaturaufträge wie z. B. die Modernisierung der bekannten Luxus-Kreuzliner NORWAY ex FRANCE oder QUEEN ELIZABETH 2 in kürzester Frist verliehen der Werft internationale Anerkennung. Ein gebraucht gekauftes Schwimmdock von 286,50 m Länge für eine Tragfähigkeit von 37 500 Tonnen erweitert seit 1989 die Dockmöglichkeiten.

Die Lloyd Werft, die heute 440 eigene Mitarbeiter, 50 Auszubildende sowie eine Vielzahl von Fachkräften aus Zulieferfirmen in der strukturschwachen Unterweserregion beschäftigt, hat sich in jüngster Zeit unter der Leitung der Diplomingenieure Dieter Haake und Werner Lüken durch die spektakulären Schiffsumbauten für die Norwegian Cruise Line und andere Reedereien wieder einen Namen gemacht. Die Werft konnte sich nach dem Konkurs des Bremer Vulkan-Konzerns als eigenständiges Unternehmen positiv entwickeln und auf dem internationalen Schiffbaumarkt behaupten.

Als bisherigen Höhepunkt in der jüngsten Unternehmenschronik kann man die erfolgreiche Fertigstellung und Ablieferung des Kreuzfahrtschiffes NORWEGIAN SKY am 31. Juli 1999 ansehen.

POLARSTERN im Kaiserdock I. Werftaufnahme Oktober 1997 mit den Schiffen VICTORIA, SOUTHERN DAWN, THJELVAR, VISBY, DAL KALAHARI und NEDL. ZAANDAM

Reichspostdampfer
PRINZ-REGENT LUITPOLD

Dockungen Nr.	1 (1899), 18, 20, 39, 102, 210, 232, 322, 381, 438, 461, 562, 667, 770, 774, 909, 979 und 993 (1910)
Vermessung	6288 BRT
Länge	143,73 m
Breite	15,30 m
Geschwindigkeit	13,5 Knoten
Baujahr	1894 bei Schichau in Danzig
Wissenswertes	PRINZ-REGENT LUITPOLD beim Einlaufen in das fertig gestellte Dock am 8. September 1899

Vierschornstein-Schnelldampfer
KAISER WILHELM DER GROSSE

Dockungen Nr.	3 (1899), 22, 31, 46, 71, 81, 117, 155, 189, 203, 223, 240, 272, 279, 293, 337, 363, 423, 458, 505, 550, 573, 605, 642, 751, 796, 839, 857, 891, 958, 996, 1013, 1057, 1098, 1124, 1145, 1206, 1261 und 1352 (1914)
Vermessung	14349 BRT
Länge	197,70
Breite	20,13 m
Geschwindigkeit	22,5 Knoten
Baujahr	1897 beim Stettiner Vulcan
Wissenswertes	Der Schnelldampfer war bei seiner Fertigstellung das größte Schiff der Welt und errang 1898 als erstes deutsches Schiff das „Blaue Band" für die schnellste Atlantiküberquerung. Oben: KAISER WILHELM DER GROSSE vor New York

Dampfer
FRIEDRICH DER GROSSE

Dockungen Nr.	7 (1899), 26, 66, 75, 95, 109, 138, 161, 218, 239, 283, 317, 373, 404, 405, 407, 451, 487, 543, 604, 617, 639, 730, 738, 776, 816, 867, 901, 964, 1007, 1048, 1070, 1099, 1151, 1220, 1281, 1335 und 1370 (1914)
Vermessung	10531 BRT
Länge	166,30 m
Breite	18,32 m
Geschwindigkeit	14,6 Knoten
Baujahr	1896 beim Stettiner Vulcan
Wissenswertes	Die Barbarossa-Klasse wurde im Nordamerika- und Australiendienst eingesetzt.

Dampfer
RHEIN

Dockungen Nr.	24 (1900), 47, 73, 93, 120, 165, 192, 246, 300, 311, 328, 357, 370, 401, 435, 475, 535, 608, 666, 698, 731, 801, 829, 874, 911, 944, 986, 1042, 1123, 1190 und 1301 (1913)
Vermessung	10058 BRT
Länge	158,50 m
Breite	17,70 m
Geschwindigkeit	13 Knoten
Baujahr	1899 bei Blohm & Voss in Hamburg
Wissenswertes	Die RHEIN eignete sich wegen ihrer großen Fracht- und Passagierkapazitäten als Truppentransporter und wurde auch 1900 in dieser Funktion beim Boxeraufstand in China eingesetzt.

RHEIN im Vorhafen der Kaiserschleuse, um 1900

Dampfer
GROSSER KURFÜRST

Dockungen Nr.	45 (1900), 68, 85, 118, 126, 137, 140, 142, 163, 206, 227, 295, 351, 392, 446, 473, 513, 531, 571, 654, 718, 72, 830, 889, 935, 952, 966, 991, 997, 1032, 1104, 1163, 1233, 1276, 1307, 1332 und 1381 (1914)
Vermessung	13183 BRT
Länge	177,05 m
Breite	18,99 m
Geschwindigkeit	16 Knoten
Baujahr	1899/1900 bei Schichau in Danzig
Wissenswertes	Das Schiff konnte am 9. Oktober 1913 bei einer Rettungsaktion im Atlantik 105 Menschen von einem britischen Dampfer bergen.

GROSSER KURFÜRST im Vorhafen der Kaiserschleuse, 1900

Fünfmastvollschiff
PREUSSEN

Dockung Nr.	188 (1902)
Vermessung	5081 BRT
Länge	147 m
Breite	13,83 m
Höhe	57,75 m über Deck (Großmast)
Segelfläche	5560 m²
Baujahr	1902 bei Joh. C. Tecklenborg in Geestemünde für die Reederei F. Laeisz in Hamburg
Wissenswertes	Die PREUSSEN gilt als die Krönung im internationalen Großsegelschiffbau. 1910 strandete sie nach einer Kollision im Englischen Kanal und war ein Totalverlust. Gruppenaufnahme im Kaiserhafen I am 22. Juli 1902

Vierschornstein-Schnelldampfer
KAISER WILHELM II

Dockungen Nr.	234 (1903), 252, 259, 268, 291, 327, 346, 399, 425, 463, 507, 548, 584, 619, 661, 671, 695, 721, 793, 803, 836, 857, 902, 955, 1010, 1072, 1134, 1223, 1256 und 1344 (1914)
Vermessung	19361 BRT
Länge	202,17 m
Breite	20,20 m
Geschwindigkeit	22,5 Knoten
Baujahr	1902/03 beim Stettiner Vulcan
Wissenswertes	Das Schiff fuhr im Nordatlantikdienst von Bremerhaven nach New York.

Dampfer
ROON

Dockungen Nr.	235 (1903), 289, 320, 361, 398, 450, 525, 582, 622, 669, 714, 758, 797, 847, 880, 919, 999, 1026, 1076, 1149, 1243, 1312, 1339 und 1379 (1914)
Vermessung	8022 BRT
Länge	143,79 m
Breite	17 m
Geschwindigkeit	13,5 Knoten
Baujahr	1902/03 bei Joh. C. Tecklenborg in Geestemünde
Wissenswertes	Die ROON gehörte zur Feldherren-Klasse und war im Ostasien-, Australien- und Nordatlantikdienst eingesetzt.

Dampfer
WESTFALEN

Dockungen Nr.	504 (1906), 593, 646, 710, 762, 1100, 1162, 1210, 1321, 1361, 1507, 1512, 1520, 1554, 1612, 1792 und 2096 (1939)
Vermessung	5122 BRT
Länge	130,54 m
Breite	16,08 m
Geschwindigkeit	11,5 Knoten
Baujahr	1905 gebaut bei Joh. C. Tecklenborg in Geestemünde
Wissenswertes	Die WESTFALEN wurde 1933 zum Katapultschiff umgerüstet und diente als schwimmender Stützpunkt im Südatlantik für die Flugboote, die im Luftpostverkehr der Deutschen Lufthansa zwischen Europa und Südamerika eingesetzt waren.

Vierschornstein-Schnelldampfer
KRONPRINZESSIN CECILIE

Dockungen Nr.	613 (1907), 657, 700, 724, 754, 789, 852, 900, 951, 987, 1014, 1142, 1235, 1271 und 1333 (1913)
Vermessung	19360 BRT
Länge	215,34 m
Breite	22,02 m
Geschwindigkeit	23 Knoten
Baujahr	1906/07 beim Stettiner Vulcan
Wissenswertes	Mit der KRONPRINZESSIN CECILIE konnte der NDL seine starke Position vor dem Ersten Weltkrieg auf der Nordatlantikroute ausbauen.

Dampfer
PRINZ FRIEDRICH WILHELM

Dockungen Nr.	712 (1908), 779, 802, 886, 913, 1000, 1036, 1045, 1109, 1176, 1229, 1248, 1430, 1459 und 1477 (1919)
Vermessung	17082 BRT
Länge	186,67 m
Breite	20,82 m
Geschwindigkeit	17-19 Knoten
Baujahr	1907/08 bei Joh. C. Tecklenborg in Geestemünde
Wissenswertes	Der große Zweischornstein-Dampfer PRINZ FRIEDRICH WILHELM war besonders luxuriös eingerichtet.

PRINZ FRIEDRICH WILHELM in der Kaiserschleuse

Dampfer
GEORGE WASHINGTON

Dockungen Nr.	833 (1909), 906, 962, 1008, 1056, 1101, 1173, 1242 und 1313 (1913)
Gewicht	25570 BRT
Länge	220 m
Breite	23,84 m
Geschwindigkeit	19-20 Knoten
Baujahr	1908/09 beim Stettiner Vulcan
Wissenswertes	Das Flaggschiff des NDL war wegen seiner eleganten Inneneinrichtung berühmt.

Frachter
SOPHIE RICKMERS

Dockung Nr.	1524 (1921)
Vermessung	6959 BRT
Länge	134,55 m
Breite	17,55 m
Baujahr	1920 auf der Rickmers Werft (Norddeutsche Werft GmbH, Geestemünde) für die Rickmers-Linie in Hamburg.
Wissenswertes	Es war der erste Nachkriegsneubau der Reederei, und das erste deutsche Schiff, das nach dem Krieg wieder in New York festmachte.

Dampfer
SIERRA CORDOBA

Dockungen Nr.	1592 (1924), 1600, 1620, 1661, 1697, 1721, 1734, 1756, 1773, 1788, 1803, 1809, 1826, 1853, 1874, 1902, 1933, 1995, 2025, 2065 und 2101 (1939)
Vermessung	11469 BRT
Länge	155,70 m
Breite	18,84 m
Geschwindigkeit	14,5 Knoten
Baujahr	1923/24 beim Bremer Vulkan
Wissenswertes	Die Fahrzeuge der neuen Sierra-Klasse waren für die Südamerikafahrt vorgesehen. Sie fuhren aber auch auf anderen Routen oder machten Kreuzfahrten. Seit 1935 machte dieses Schiff für die Deutsche Arbeitsfront KdF-Fahrten („KdF-Kraft durch Freude").

Dampfer
DER DEUTSCHE ex SIERRA MORENA

Dockungen Nr.	1624 (1925), 1716, 1748, 1759, 1804, 1877, 1934, 1991, 1996, 2024 und 2100 (1939)
Vermessung	11430 BRT
Länge	155,70 m
Breite	18,84 m
Geschwindigkeit	14,5 Knoten
Baujahr	1924 beim Bremer Vulkan als SIERRA MORENA.
Wissenswertes	1934 wurde das Schiff als DER DEUTSCHE für die Deutsche Arbeitsfront in Dienst gestellt. Im Krieg war das Fahrzeug als Truppentransporter und Lazarettschiff im Einsatz und wurde 1948 auf der Warnowwerft in Warnemünde überholt und an die UDSSR übergeben. Das Schiff fuhr noch ab 1950 als ASIA mit Heimathafen Wladiwostok unter sowjetischer Flagge. DER DEUTSCHE im Kaiserhafen

Dampfer
BERLIN

Dockungen Nr.	1688 (1927), 1700, 1767, 1782, 1810, 1823, 1852, 1864, 1873, 2004, 2064, 2104 (1939)
Vermessung	15286 BRT
Länge	174,3 m
Breite	21,08 m
Geschwindigkeit	16,5 Knoten
Baujahr	1925 beim Bremer Vulkan
Wissenswertes	Das Passagierschiff machte 1925 seine Jungfernfahrt von Bremerhaven nach New York. Die BERLIN machte in den 1930er Jahren im Auftrag der Deutschen Arbeitsfront auch diverse KdF-Kreuzfahrten. 1945 sank das Schiff vor Swinemünde und wurde 1948 von der sowjetischen Besatzungsmacht geborgen. 1957 wurde sie von der Warnowwerft in Warnemünde als ADMIRAL NAKHIMOV an die UDSSR abgeliefert. Am 31. August 1986 stieß die ADMIRAL NAKHIMOV mit dem Frachter PETR VASEV vor Noworossisk zusammen. Bei dieser tragischen Schiffskatastrophe fanden 423 Passagiere und Besatzungsmitglieder den Tod.

Segelschulschiff
KOMMODORE JOHNSEN

Dockungen Nr.	2048 (1938), 2120, 2176, 2178 und 2234 (1941)
Vermessung	3476 BRT
Länge	117,50 m
Breite	14,60 m
Segelfläche	4 192 m²
Baujahr	1921 bei der Krupp-Germaniawerft in Kiel als Frachtsegler MAGDALENE VINNEN, der gleichzeitig für die Ausbildung des Offiziersnachwuchses der Bremer Reederei F. A. Vinnen diente.
Wissenswertes	1936 wurde das Schiff an den NDL verkauft, der es ebenfalls als frachtfahrendes Segelschulschiff KOMMODORE JOHNSEN in der Weizenfahrt nach Australien einsetzte. Nach dem Krieg gelangte die Viermastbark unter sowjetischer Flagge und hieß jetzt SEDOV. Seit 1982 ist der russische Großsegler wieder als Schulschiff in Fahrt und heute ein gern gesehener Gast auf allen Windjammerparaden der Welt.

Turbinenschiff
SCHARNHORST

Dockung Nr.	2083 (1939)
Vermessung	18184 BRT
Länge	198,73 m
Breite	22,58 m
Geschwindigkeit	21 Knoten
Baujahr	1934/35 bei der AG Weser (Deschimag) in Bremen.
Wissenswertes	Der Stapellauf erfolgte am 14. Dezember 1934 in Anwesenheit von Adolf Hitler, der auch an der Probefahrt der SCHARNHORST am 4./5. Mai 1935 teilnahm. Wegen des Kriegsausbruchs lag die SCHARNHORST im japanischen Kobe auf. Die japanische Regierung kaufte 1942 das Schiff und baute es zu einem Geleitflugzeugträger um. Am 17. November 1944 wurde die ehemalige SCHARNHORST im Gelben Meer von einem amerikanischen U-Boot versenkt. Fast 1200 japanische Marineangehörige fanden dabei den Seemannstod.

Motorschiff
OSTMARK

Dockung Nr.	2114 (1939)
Vermessung	1280 BRT
Länge	78 m
Breite	11,30 m
Geschwindigkeit	13,5 Knoten
Baujahr	1936 bei den Kieler Howaldtswerken
Wissenswertes	Die OSTMARK war als schwimmendes Katapultschiff im Südatlantik für die Deutsche Lufthansa im Luftpostverkehr zwischen Europa und Südamerika stationiert.

Motorschiff
ANNA SALEN

Dockungen Nr.	2752 (1950), 2814, 2963 und 3017 (1954)
Vermessung	11672 BRT
Länge	150 m
Breite	21,30 m
Geschwindigkeit	16 Knoten
Baujahr	1940 bei Sun Shipbuilding & Dry Dock Co. in Chester, Pennsylvania, USA

Dampfer
TRAUNSTEIN

Dockungen Nr.	2798 (1951), 2800, 2958, 3033, 3122 und 3267 (1958)
Vermessung	4423 BRT
Länge	118,40 m
Breite	15,55 m
Geschwindigkeit	11 Knoten
Baujahr	1921 beim Stettiner Vulcan als AIDA
Wissenswertes	Das Schiff wurde 1936 in EISENACH umbenannt und 1939 verlängert. Nachdem der NDL den Dampfer 1951 ersteigert hatte, hieß er TRAUNSTEIN und wurde 1960 aufgelegt.

Motorschiff
ITALIA

Dockung Nr.	2903 (1953)
Vermessung	16777 BRT
Länge	185,60 m
Breite	23,80 m
Geschwindigkeit	17,5 - 18,5 Knoten
Baujahr	1928 bei Blohm & Voss in Hamburg als KUNGSHOLM
Wissenswertes	Das elegante Fracht- und Passagierschiff mit einem bewegten Lebenslauf machte 1952 seine erste Reise als ITALIA im Liniendienst von Hamburg nach New York unter der Regie der Hapag-Reederei, die das Schiff bis 1960 bereederte.

Turbinenschiff
NABOB

Dockungen Nr.	2930 (1953), 3015, 3327, 3418, 3437, 3608, 3756 und 3918 (1967)
Vermessung	7907 BRT
Länge	149,96 m
Breite	21,22 m
Geschwindigkeit	16 Knoten
Baujahr	1943 bei der Seattle Tacoma Shipbuilding Corp., USA, als Geleitflugzeugträger für die US Navy
Wissenswertes	1951 wurde das aufgelegte Schiff vom NDL nach Bremerhaven überführt und 1952 von der AG Weser in Bremen umgebaut. Die NABOB diente als Ausbildungsschiff für den NDL.

Motorschiff
SEVEN SEAS

Dockungen Nr.	2962 (1954), 2982, 3030, 3113, 3234, 3280, 3470, 3521, 3618, 3656 und 3798 (1965)
Vermessung	12575 BRT
Länge	150 m
Breite	21,18 m
Geschwindigkeit	16 Knoten
Baujahr	1940/41 bei Sun Shipbuilding & Dry Dock Co. in Chester, Pennsylvania, USA, als MORMACMAIL
Wissenswertes	Der Frachter wurde 1941 zum Hilfsflugzeugträger und 1949 zum Passagierschiff umgebaut. Seit 1953 hieß das Schiff SEVEN SEAS und war im Liniendienst von Bremerhaven nach Kanada und New York tätig. 1965 trieb das Schiff nach einem Brand im Maschinenraum manövrierunfähig im Nordatlantik. Das Schiff wurde 1966 als Wohnschiff verkauft und 1977 abgewrackt.

Motorschiff
SCHWABENSTEIN

Dockungen Nr.	2991 (1954), 3175, 3456, 3564, 3632 und 3764 (1965)
Vermessung	8955 BRT
Länge	163,91 m
Breite	19,44 m
Geschwindigkeit	17 Knoten
Baujahr	1953 beim Bremer Vulkan
Wissenswertes	Die SCHWABENSTEIN gehörte zu den Kombischiffen der NDL, die im Ostasiendienst fuhren.

Motortankschiff
ESSO BOLIVAR

Dockungen Nr.	3001 (1954), 3083 und 3222 (1957)
Vermessung	10728 BRT
Länge	153,79 m
Breite	21,34 m
Geschwindigkeit	11 Knoten
Baujahr	1937 bei der Krupp-Germaniawerft in Kiel als BOLIVAR
Wissenswertes	1952 erwarb die Esso-Reederei den Tanker und stellte ihn als ESSO BOLIVAR in Dienst. 1960 wurde das Schiff abgewrackt.

Motorschiff
BERLIN ex GRIPSHOLM

Dockungen Nr.	3031 (1954), 3077, 3314, 3440, 3671, 3701, 3741 und 3810 (1965)
Vermessung	18600 BRT
Länge	179,83 m
Breite	22,65 m
Geschwindigkeit	16 Knoten
Baujahr	1924/25 bei Armstrong, Whitworth & Co Ltd in Newcastle, England
Wissenswertes	Die GRIPSHOLM fuhr im Liniendienst von Göteborg nach New York. Im Krieg war das Schiff für das Internationale Rote Kreuz tätig. 1949/50 wurde die GRIPSHOLM bei den Howaldtswerken in Kiel verlängert und eröffnete 1950 den Passagierdienst von Bremerhaven in die USA. 1954 nahm das Schiff unter der Lloyd-Flagge den regelmäßigen Transatlantikverkehr von Bremerhaven nach New York auf. Von 1955 bis 1966 fuhr die GRIPSHOLM unter dem Traditionsnamen BERLIN für den NDL. Von links: BERLIN; GRIPSHOLM an der Columbuskaje, 1950; BERLIN im Kaiserdock

40

Motorschiff
TOTILA

Dockung Nr.	3200 (1957)
Vermessung	4528 BRT
Länge	115,82 m
Breite	16,20 m
Baujahr	1926 bei Burmeister & Wain in Kopenhagen, Dänemark
Wissenswertes	TOTILA im Kaiserdock, 1957

Motorschiff
AROSA SKY

Dockungen Nr.	3242 (1957) und 3299 (1958)
Vermessung	17321 BRT
Länge	ca. 181 m
Breite	ca. 23 m
Baujahr	1949 bei der Soc. Provencale de Const. Nav. in La Ciotat, Frankreich
Wissenswertes	Die spätere AROSA SKY machte als LA MARSEILLAISE 1949 ihre Jungfernreise. Die Arosa Line gehörte mit ihren Passagierschiffen, auf denen viele deutsche Seeleute beschäftigt waren, in den 1950er Jahren zum Bild der Bremerhavener Columbuskaje, die von hier nach New York und Kanada fuhren.

Motorschiff
BURGENSTEIN

Dockungen Nr.	3306 (1958), 3353, 3458, 3869, 4118, 4313 und 4438 (1977)
Vermessung	8495 BRT
Länge	146,95 m
Breite	19,84 m
Geschwindigkeit	17,5 Knoten
Baujahr	1958 beim Bremer Vulkan
Wissenswertes	1981 wurde der Frachter vom NDL verkauft und 1984 abgewrackt.

BURGENSTEIN im Kaiserdock, 1958

Turbinenmotorschiff
BLEXEN

Dockungen Nr.	3389 (1959), 3464, 3528, 3651, 3718, 3783, 3876 und 3946 (1968)
Vermessung	6692 BRT
Länge	136,20 m
Breite	18,40 m
Baujahr	1931/32 bei Newport News S. B. & D. D. Co., USA, als CHIRIQUI
Wissenswertes	Das Schiff wurde in der Frucht- und Passagierfahrt zwischen den USA und Mittelamerika eingesetzt. Die Union-Reederei in Bremen kaufte das Schiff 1957 und stellte es als BLEXEN nach einem Umbau beim Bremer Vulkan 1958 in der Fruchtfahrt zwischen Bremerhaven und Süd- bzw. Mittelamerika in Dienst. 1969 wurde das Kühlschiff verschrottet.

Motortanker
TEXACO BRASIL

Dockungen Nr.	3490 (1961), 3495 und 3568 (1962)
Vermessung	10546 BRT
Länge	ca. 164 m
Breite	ca. 19,30 m
Geschwindigkeit	1952 bei Kockums/Schweden
Baujahr	Der Tanker wurde 1961 auf der Lloyd Werft komplett umgebaut.
Wissenswertes	Oben: Ausdocken des abgetrennten Hinterschiffes
	Unten: Aufschwimmen des abgetrennten Hinterschiffes

Motorschiff
REIFENSTEIN

Dockungen Nr.	3502 (1961), 3744 und 3797 (1965)
Vermessung	7895 BRT
Länge	166,50 m
Breite	19,66 m
Geschwindigkeit	17,5 Knoten
Baujahr	1944/46 bei J. Cockerill, Hoboken in Belgien
Wissenswertes	Der NDL hatte den Frachter 1944 als MARBURG in Belgien bestellt, der dann 1946 für belgische Rechnung weitergebaut wurde und in Fahrt kam. 1955 konnte der NDL das Dreischrauben-Motorschiff zurückkaufen und es als REIFENSTEIN in Dienst stellen.

Kühlmotorschiff
PERIKLES

Dockung Nr.	3709 (1964)
Vermessung	2721 BRT
Länge	110,11 m
Breite	14,96 m
Geschwindigkeit	16,5 Knoten
Baujahr	1954 bei der Deutschen Werft in Hamburg
Wissenswertes	Das Schiff war für die Reederei F. Laeisz in der Bananenfahrt von Ecuador nach Hamburg tätig und wurde auch in der weltweiten Fruchtfracht eingesetzt. 1967 wurde die PERIKLES nach Griechenland verkauft.

Schleppkopf-Saugbagger
LUDWIG FRANZIUS

Dockungen Nr.	3767 (1965), 3814, 3881, 3958, 4014, 4139, 4216, 4392 und 4408 (1977)
Vermessung	4298 BRT
Länge	112,94 m
Breite	18 m
Geschwindigkeit	12 Knoten
Baujahr	1964 bei Orenstein & Koppel in Lübeck
Wissenswertes	Der Bagger war bis Ende 1988 für das Wasser- und Schifffahrtsamt Bremerhaven im Einsatz und wurde aus Kostengründen an eine private Tiefbaufirma verkauft. Die LUDWIG FRANZIUS gehörte über viele Jahre zum Bild der Unterweser und stellte ein Wahrzeichen Bremerhavens dar.

LUDWIG FRANZIUS im Einsatz auf der Unterweser

Turbinenschiff
RYNDAM

Dockung Nr.	3824 (1966)
Vermessung	15051 BRT
Länge	153,40 m
Breite	21 m
Geschwindigkeit	16,5 Knoten
Baujahr	1949/51 bei N. F. Wilton-Fijenoord in Schiedam/Niederlande
Wissenswertes	Das Passagierschiff machte seine Jungfernreise 1951 von Rotterdam nach New York und machte 1966/67 unter deutscher Flagge von Bremerhaven aus einige Reisen nach Nordamerika, bevor die RYNDAM wieder nach Holland verkauft wurde.

Motorschiff
EUROPA

Dockungen Nr.	4023 (1969), 4049, 4105, 4159, 4295, 4325, 4373 und 4571 (1981)
Vermessung	21514 BRT
Länge	182,88 m
Breite	23,51 m
Geschwindigkeit	19-21 Knoten
Baujahr	1952/53 bei NV Koninklijke Maats. De Schelde in Vlissingen/Niederlande als KUNGSHOLM
Wissenswertes	1965 kaufte der NDL das schwedische Passagierschiff, das 1966 als EUROPA seine erste Reise von Bremerhaven nach New York unternahm. Seit 1972 machte die EUROPA nur noch Kreuzfahrten. 1985 wurde das Schiff als „COLUMBUS C" in Spanien abgewrackt.

Oben: EUROPA in den Farben des NDL an der Kaje der Lloyd Werft
Unten: EUROPA an der Kaje der Lloyd Werft

Nuklearschiff
OTTO HAHN

Dockung Nr.	4042 (1969)
Vermessung	16871 BRT
Länge	164, 29 m
Breite	23,43 m
Geschwindigkeit	15,75 Knoten
Baujahr	1962/68 bei Howaldtswerke-Deutsche Werft in Kiel
Wissenswertes	Das einzige deutsche Handelsschiff mit Nuklearantrieb war von 1968 bis 1979 zu Forschungs- und Erprobungszwecken und als Erzfrachter in Fahrt, bevor es nach dem Ausbau des Kernenergie-Reaktors 1982/83 von der Rickmers Werft in Bremerhaven zu einem Containerschiff mit einem konventionellen Dieselmotor umgerüstet wurde. Als TROPHY und später als NORASIA SUSAN befuhr die ehemalige OTTO HAHN die Weltmeere, die auch heute noch in China in Fahrt sein soll. Der originale Schornstein sowie der Maschinenstand befinden sich im Deutschen Schiffahrtsmuseum.

Motorschiff
CAP SAN ANTONIO

Dockungen Nr.	4291 (1974) und 4503 (1979)
Vermessung	9849 BRT
Länge	159,40 m
Breite	21,47 m
Geschwindigkeit	20 Knoten
Baujahr	1961/62 bei den Howaldtswerken in Hamburg für die Hamburg-Süd
Wissenswertes	Dieses Schiff gehörte zu den sechs legendären „Cap-San"- Schnellfrachtern, die als „Schwäne des Südatlantiks" fast zwanzig Jahre lang von Hamburg aus nach Südamerika fuhren. Die Schiffe konnten zwölf Passagiere mitnehmen. Auf der CAP SAN ANTONIO kam es 1973 zu einem Brand im Englischen Kanal, bei dem sechs Personen starben. 1982 wurde das Schiff verkauft und 1986 abgewrackt. Das Schwesterschiff CAP SAN DIEGO liegt heute als Museumsschiff im Hamburger Hafen.

Motorschiff
DANWOOD ICE

Dockungen Nr.	4294 (1974), 4297, 4300 und 4306 (1974)
Vermessung	13708 BRT
Länge	183 m
Breite	21,82 m
Geschwindigkeit	16,25 Knoten
Baujahr	1959 bei Atlantique & Chantiers de France, Dünkirchen/Frankreich
Wissenswertes	Das Schiff wurde vom Bulk-Carrier zum Bohrschiff vom 27. März 1974 bis zum 15. April 1975 für die J. Lauritzen Offshore Drilling A/S umgebaut.

Oben: DANWOOD ICE als Bohrschiff an der Ausrüstungspier, 1975
Unten: DANWOOD ICE als Bulk-Carrier im Kaiserdock, 1974

Motorschiff
MÜNSTERLAND

Dockungen Nr.	4329 (1975) und 4331 (1975)
Vermessung	9365 BRT
Länge	157,15 m
Breite	19,27 m
Geschwindigkeit	18 Knoten
Baujahr	1960 bei der Deutschen Werft in Hamburg
Wissenswertes	Auf der Rückfahrt von Australien nach Hamburg wurde der Hapag-Frachter 1967 von den Kriegsereignissen zwischen Ägypten und Israel im Suezkanal festgehalten. Bis 1975 mußte die MÜNSTERLAND mit anderen Schiffen im Großen Bittersee aufliegen, bevor sie ihr unfreiwilliges Asyl verlassen konnte. Nach einer Docküberholung bei der Lloyd Werft ging das Schiff in den Ostasiendienst. 1978 wurde der Frachter verkauft und 1983 abgewrackt.

Unten: Grußkarte zum Weihnachtsfest 1966 und Jahreswechsel von der MÜNSTERLAND

Motorschiff
CORNER BROOCK

Dockungen Nr.	4378 (1976), 4417, 4419 und 4420 (1977)
Vermessung	3661 BRT
Länge	135,79 m
Breite	18,60 m
Geschwindigkeit	16,1 Knoten
Baujahr	1976 bei der Schichau Unterweser AG in Bremerhaven als Ro-Ro-Frachter
Wissenswertes	1977 verlängert bei der Lloyd Werft

Motorschiff
CARIBE

Dockung Nr.	4397 (1976)
Vermessung	9908 BRT
Länge	134,50 m
Breite	21,53 m
Geschwindigkeit	20 Knoten
Baujahr	1968 gebaut bei Orenstein & Koppel in Lübeck als FREEPORT
Wissenswertes	Das Schiff wurde 1976 in CARIBE umbenannt und machte Kreuzfahrten und war im Fährdienst tätig. 1982 wurde das Schiff in SCANDINAVIAN SUN umbenannt.

Motorschiff
SUNWARD II

Dockung Nr.	4415 (1977)
Vermessung	14151 BRT
Länge	148,11 m
Breite	21,92 m
Geschwindigkeit	21,5 Knoten
Baujahr	1971 bei Rotterdamsche D. D. My in Rotterdam/Niederlande für die Cunard-Reederei als CUNARD ADVENTURE
Wissenswertes	1977 wurde das Kreuzfahrtschiff an die Klosters-Reederei in Oslo verkauft, in SUNWARD II umbenannt und auf der Lloyd Werft umgebaut. Dieser Auftrag war der Beginn einer langjährigen Zusammenarbeit mit der Norwegian Cruise Line (NCL) SUNWARD II erhält auf der Lloyd Werft einen schrägen Doppelschornstein, 1977

Motorschiff
BÄRENFELS

Dockung Nr.	4430 (1977)
Vermessung	11801 BRT
Länge	149 m
Breite	22,90 m
Geschwindigkeit	15,9 Knoten
Baujahr	1976 bei der Flenderwerft in Lübeck
Wissenswertes	Der Schwergut-Frachter mit 10 Ladebäumen und 2 Stülcken-Schwergutbäumen von je 100 Tonnen Hebevermögen wurde 1976 für die Bremer DDG Hansa-Reederei in Dienst gestellt.

Motorschiff
BELORUSSIYA

Dockungen Nr.	4593 (1982), 4742 und 4777 (1993)
Vermessung	16631 BRT
Länge	156,27 m
Breite	22,05 m
Geschwindigkeit	21,3 Knoten
Baujahr	1974/75 bei Wärtsilä in Turku/Finnland für die Black Sea Shipping Co. in Odessa
Wissenswertes	1986 war das Passagierschiff auf der Lloyd Werft, um zusätzliche Kabinen einzubauen. 1992 kenterte das Kreuzfahrtschiff bei einem Dockunfall in Singapur und mußte geborgen werden. 1993 wurde das Schiff auf der Lloyd Werft komplett umgebaut und erhielt eine neue Inneneinrichtung. Seit 1996 fährt die BELORUSSIYA als DELPHIN im Kreuzfahrtgeschäft.

Motorschiff
ALEXANDER ex REGINA MARIS

Dockungen Nr.	4606 (1983) und 4636 (1985)
Vermessung	5 813 BRT
Länge	118,01 m
Breite	16,02 m
Geschwindigkeit	20 Knoten
Baujahr	1965/66 bei der Flenderwerft in Lübeck als REGINA MARIS
Wissenswertes	Die ALEXANDER ex REGINA MARIS hatte schon als Kreuzfahrtschiff ein bewegtes Leben hinter sich, bevor sie Peter Deilmann 1979 kaufte. 1983 war das Schiff schon im Kaiserdock zu einer Inspektion zu Gast, bevor es 1985 auf der Lloyd Werft zu einer Yacht umgebaut wurde.

Motorschiff
MIKHAIL LERMONTOV

Dockungen Nr.	4617 (1983)
Vermessung	19872 BRT
Länge	176,30 m
Breite	23,60 m
Geschwindigkeit	20 Knoten
Baujahr	1970/72 bei der Mathias-Thesen-Werft in Wismar für die Baltic Shipping Co. in St. Petersburg
Wissenswertes	Das Passagierschiff machte Kreuzfahrten und war im Liniendienst von St. Petersburg nach New York eingesetzt, bevor es 1982 auf der Lloyd Werft grundlegend modernisiert wurde. Dieser Auftrag war der Beginn einer langjährigen Zusammenarbeit. Am 16. Februar 1986 kam es auf dem Kreuzfahrtschiff vor Neuseeland zu einer Schiffskatastrophe. Die MIKHAIL LERMONTOV schlug leck und kenterte. Alle 409 Passagiere und 329 Besatzungsmitglieder konnten vorher gerettet werden. Das Schiff mußte als Totalverlust aufgegeben werden.

Motorschiff
EXPLORER STARSHIP ex BEGONIA

Dockungen Nr.	4644 (1986), 4647 und 4719 (1989)
Vermessung	8000 BRT
Länge	124,22 m
Breite	16 m
Geschwindigkeit	17 Knoten
Baujahr	1974 in Kristiansand/Norwegen als Ro-Ro-Fähre
Wissenswertes	Das Schiff wurde 1985 auf der Lloyd Werft für die in Oslo beheimatete Reederei Fearnly & Eger zum modernen Kreuzfahrtschiff der Luxusklasse für den Einsatz in Alaska und in der Karibik umgebaut. Von der ehemaligen Fähre blieb nur der stählerne Rumpf übrig, während die Inneneinrichtung sowie die komplette Maschinen-, Wellen- und Propelleranlage erneuert wurden.

EXPLORER STARSHIP nach dem Umbau, 1986

Motorschiff
KONSTANTIN SIMONOV

Dockungen Nr.	4688 (1988), 4712 und 4750 (1991)
Vermessung	9 885 BRT
Länge	136,61 m
Breite	21,01 m
Geschwindigkeit	20 Knoten
Baujahr	1981 gebaut bei der Stocznia Szczecinska (A. Warskiego) in Stettin/Polen für die Black Sea Shipping Co. in Odessa
Wissenswertes	Das Fähr- und Kreuzfahrtfahrzeug erhielt auf der Lloyd Werft 1988 ein völlig neues Vorschiff. Das Schiff mußte später versteigert werden und trägt heute den Namen FRANCESCA.

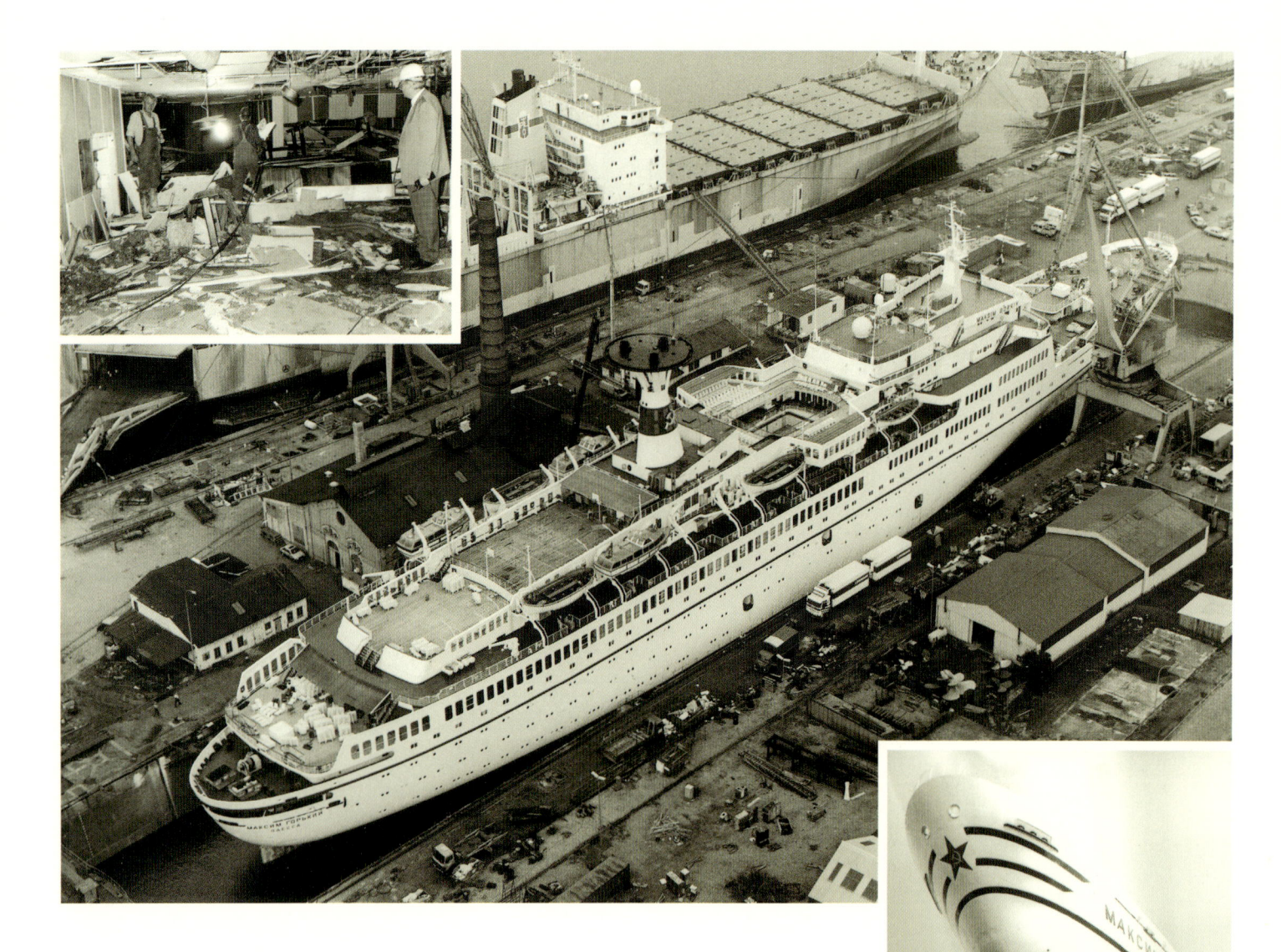

Turbinenschiff
MAKSIM GORKY

Dockungen Nr.	4722 (1989) und 4823 (1996)
Vermessung	25022 BRT
Länge	194,72 m
Breite	26,62 m
Geschwindigkeit	22 Knoten
Baujahr	1968/69 gebaut auf der Deutschen Werft in Hamburg als HAMBURG für die Deutsche Atlantik-Linie
Wissenswertes	Das Kreuzfahrtschiff wurde 1973 in HANSEATIC umbenannt und 1974 an die Black Sea Shipping Co. in Odessa verkauft. Als MAKSIM GORKY erfolgte der Einsatz im weltweiten Kreuzfahrtgeschäft. 1988 wurde das Schiff auf der Lloyd Werft modernisiert. Auf einer Kreuzfahrt geriet das Schiff vor Spitzbergen nach einer Kollision mit einem Eisberg 1989 in Seenot. Die Passagiere wurden evakuiert. Das leckgeschlagene Schiff wurde nach Spitzbergen geschleppt.

Anschließend folgte die Reparatur auf der Lloyd Werft. Im Dezember 1989 machte die MAKSIM GORKY erneut Schlagzeilen, als sich auf dem Schiff in einem Hafen auf der Mittelmeerinsel Malta der sowjetische Präsident Gorbatschow und der amerikanische Präsident Reagan trafen. 1992 wurde das Schiff nach Zypern verkauft.

Großes Bild links: MAKSIM GORKY im Kaiserdock, 1989
Linke Seite unten: Das beschädigte Vorschiff im Dock, 1989
Linke Seite oben: Beschädigte Inneneinrichtung, 1989
Rechte Seite oben: Das reparierte Schiff im Kaiserdock, 1989
Rechte Seite unten: reparierte Inneneinrichtung, 1989

Motorschiff
FEDOR DOSTOEVSKIY

Dockung Nr.	4744 (1990)
Vermessung	20606 BRT
Länge	176,26 m
Breite	22,61 m
Geschwindigkeit	18 Knoten
Baujahr	1986/87 bei Howaldtswerke-Deutsche Werft (HDW) in Kiel als ASTOR
Wissenswertes	Bevor der Neubau abgeliefert werden konnte, hatte der südafrikanische Eigner die ASTOR bereits verkauft. 1988 wurde das Kreuzfahrtschiff von der Black Sea Shipping Co. in Odessa erworben und kam als FEDOR DOSTOEVSKIY im Kreuzfahrtgeschäft zum Einsatz. Seit 1995 heißt das Schiff wieder ASTOR.

Zerstörer
MÖLDERS

Dockungen Nr.	4775 (1992), 4776 und 4860 (1999)
Vermessung	4544 Tonnen Wasserverdrängung
Länge	134,48 m
Breite	14,38 m
Geschwindigkeit	35 Knoten
Baujahr	1966/69 bei den Bath Iron Works Corp. in Bath/ Maine, USA
Wissenswertes	Der Lenkwaffenzerstörer MÖLDERS (D 186) gehört zum 1. Zerstörergeschwader der LÜTJENS-Klasse 103 B in Kiel und zählt aufgrund mehrerer Modernisierungen zu den kampfkräftigsten Einheiten in der deutschen Marine. Die Flugabwehr, die U-Boot-Jagd sowie die Seezielbekämpfung sind die Aufgaben dieser Einheiten, die in den nächsten Jahren durch die neuen Fregatten von der Klasse 124 abgelöst werden. Die Besatzung beträgt 337 Mann. Im Hintergrund befindet sich das Kreuzfahrtschiff NORWEGIAN SKY.

Forschungsschiff
POLARSTERN

Dockungen Nr.	4839 (1997), 4853 und 4859 (1999)
Vermessung	10970 BRT
Länge	118 m
Breite	25 m
Geschwindigkeit	16 Knoten
Baujahr	1981/82 bei Howaldtswerke-Deutsche Werft (HDW) in Kiel und der Werft Nobiskrug in Rendsburg
Wissenswertes	Das Forschungs- und Versorgungschiff der Bundesrepublik Deutschland ist in Bremerhaven beim Alfred-Wegener-Institut für Polar- und Meeresforschung (AWI) beheimatet und hat bei der Lloyd Werft seinen Liegeplatz, wo auch die Ausrüstung des Schiffes für Forschungsreisen erfolgt. Das Schiff hat auf seinen vielen Reisen in die Arktis und Antarktis seine Zuverlässigkeit bewiesen.

Motorschiff
VISTAFJORD

Dockung Nr.	4861 (1999)
Vermessung	24292 BRT
Länge	191,09 m
Breite	25,05 m
Geschwindigkeit	20 Knoten
Baujahr	1972/73 bei Swan Hunter Shipbuilders, Wallsend, England
Wissenswertes	Das Kreuzfahrtschiff wurde 1980 an die Norwegian American Cruises in Oslo verkauft und gelangte 1983 an die Cunard-Reederei. Nach der 1999 erfolgten Dockung auf der Lloyd Werft erhielt das Schiff den Traditionsnamen CARONIA. Bei dieser Dockung liefen die historischen Dampfmaschinen mit den originalen Dockpumpen nach hundertjähriger Betriebsdauer zum letzten Mal.

Unten: VISTAFJORD verläßt als CARONIA die Lloyd Werft, 1999

Die Modernisierung des Kaiserdocks I und der Pumpenanlage
WIR INVESTIEREN IN DIE ZUKUNFT

Kurt Satow, Lloyd Werft Bremerhaven GmbH

Um den Anforderungen aus wirtschaftlichen und umweltrelevanten Gründen für die nächsten Jahrzehnte gerecht zu werden, sind einige wesentliche Modernisierungen des Kaiserdocks I geplant und schon in der Ausführung.

Mit Beginn des neuen Jahrhunderts wurden die 100 Jahre alten Dampfmaschinen und die damit angetriebenen, ebenfalls 100 Jahre alten Pumpen demontiert. Dieses geschieht aus reinen wirtschaftlichen Gründen. Die neuen Antriebe sind Elektromotoren, wobei Strom als kostengünstiger Energieträger genutzt wird.

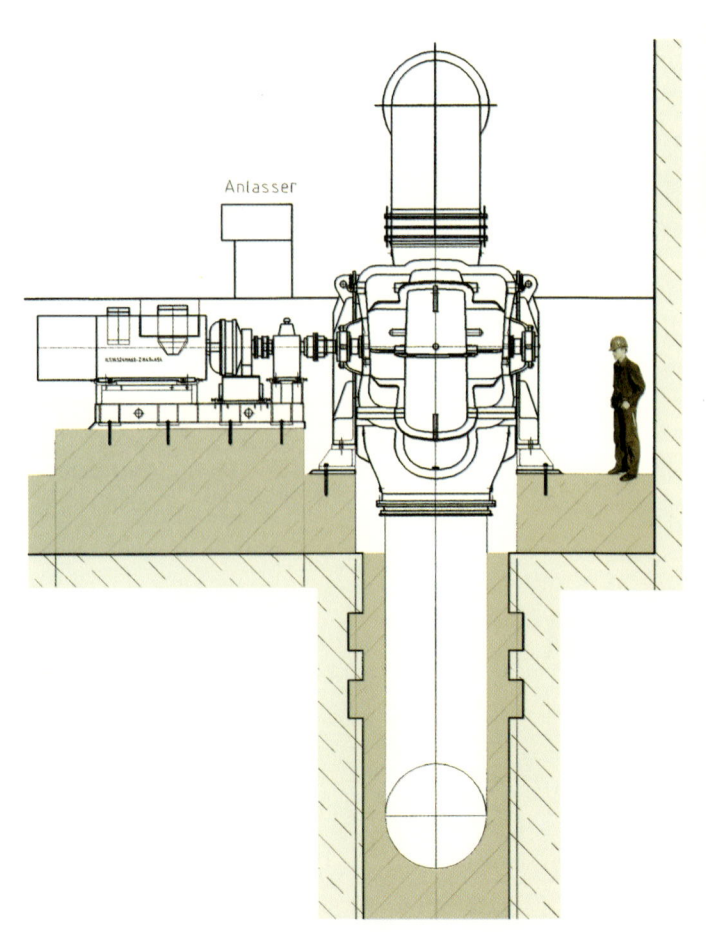

Die elektrischen Motoren sind Schleifringläufer mit einer Leistung von 600 KW und einer Drehzahl von 1485 Umdrehungen pro Minute.

Die neuen Pumpen haben einen Leistungsbedarf von je 500 kW und befördern pro Stunde je 12.600 m³ Dockwasser. Diese Leistung ermöglicht es, das Dock je nach Schiffsgröße in ca. 2 Stunden leer zu pumpen.

Zwischen den Pumpen und den Elektromotoren sind Stirnradgetriebe sowie Flüssigkeits-Turboregelkupplungen für einen entlasteten Anlauf der Pumpen und eine mögliche Feinabstimmung der Pumpenleistung vorgesehen.

anfallende Prozeßwasser auffängt und reinigt. Das gereinigte Wasser kann dann in den Hafen abgelassen werden.

Für die Trennung von Reinigungswasser und Leckwasser aus dem Docktor müssen Baumaßnahmen durchgeführt werden und zustätzliche Leckwasserpumpen installiert werden.

Die gesamte technische und elektrische Einrichtung sowie die Pumpenanlage sind in dem 100 Jahre alten Maschinenhaus des Kaiserdocks I untergebracht. Dieses wird ebenfalls aufwendig saniert und der Denkmalcharakter bleibt erhalten. Aus Denkmalschutzgründen bleiben in dem Maschinenhaus eine historische Dampfmaschine mit Generator, Marmor-Schalttafel und einige Duplexpumpen erhalten, um somit der 100jährigen Industriegeschichte der Werft Rechnung zu tragen.

Durch diese Umbau- und Modernisierungsmaßnahme wird der Dockbetrieb im Kaiserdock I zukünftig kostengünstiger und auch umweltfreundlicher gestaltet.

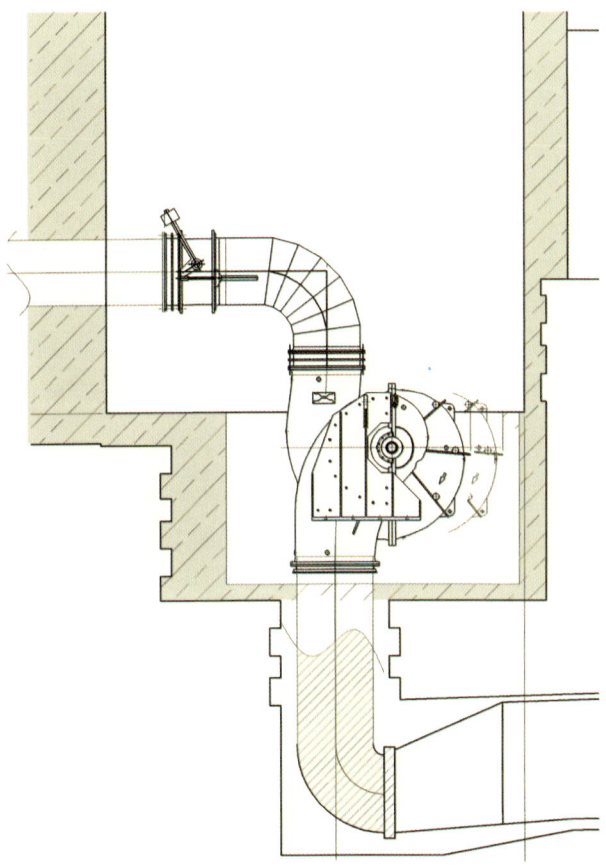

Des weiteren werden die Restlenzpumpen erneuert. Der Betrieb der Restlenzpumpen läuft dann voll automatisch und hält, während ein Schiff im Dock trocken gestellt ist, das Dock von Leckwasser frei. Durch stärkere Antriebsmotoren sind diese Pumpen auch in der Lage, in eine Dockabwasserreinigungsanlage zu pumpen.

Um von den Hafengewässern Öle, Schwermetalle und andere Verunreinigungen fernzuhalten, wird eine Dockabwasserreinigungsanlage installiert, die das bei der Schiffsreinigung an der Außenhaut

Die neuen Pumpen auf dem Prüfstand in Nantes/Frankreich.

Stand September 1999
MITARBEITER DER LLOYD WERFT BREMERHAVEN GMBH

GESCHÄFTSFÜHRUNG
Dieter Haake
Werner Lueken
Hans-Juergen Schmaus

AUFSICHTSRAT
Wolfgang van Betteray *(Vorsitzender)*
Heinrich Schoeller
Karl A. Niggemann
Klaus Rosche
Ronald Klonus

ALU- UND EDELSTAHL-FERTIGUNG MEISTER/VORMANN
Elissat, Helmut
Pigors, Volker
Veith, Hubert

ALU- UND EDELSTAHL-FERTIGUNG
Behrens, Harald
Borkowski, Gerhard
Christowzik, Manfred
Diekhoff, Thorsten
Dittrich, Reinhold
Ehlers, Waldemar
Elissat, Lars
Engelien, Holger
Hartmann, Kurt
Helmke, Karl-Wilhelm
Herr, Andreas
Hildebrandt, Hans-Hermann
Hopmann, Wilfried
Hupe, Heinz-Dieter
Klose, Detlef
Lork, Thomas
Martens, Hartmut
Meyer, Helmut
Mueller, Peter
Muschter, Holger
Schramm, Heinz
Schroeder, Hans
Siebels, Bernd
Wiechert, Reinhard

AUSBILDER
Waldraff, Heiner *(Leitung)*
Allmendinger, Arthur
Ravens, Bernd
Woltmann, Bernd

AUSZUBILDENDE
Anker, Andree
Bahmann, Kai
Becker, Michael
Bierbass, Dirk
Bolte, Andre
Borchert, Marco
Broesgen, Falk
Buchard, Marco
Busch, Daniel
Busch, Marco
Christowzik, Thomas
Doescher, Stefan
Dopico-Franco, Danny
Draeger, Ingmar
Dreyer, Jan-Dirk
Feus, Mirco
Grabowski, Rene
Grott, Torben
Hochfeld, Tobias
Holst, Wolfgang
Hryzyk, Tim
Huener, Hans-Juergen
Kahlau, Sascha
Kaptirmaz, Ibrahim
Karpati, Ferenc-Peter
Kilic, Mehmet
Knees, Sebastian
Krebs, Stefan
Krueger, Marco
Kuschniersch, Aslan
Laporte, Nils
Lawrenz, Henry
Meier, Daniel

Meyer, Sebastian
Mulatz, Oliver
Odhiambo, Joel
Pallasch, Christian
Petrich, Sergej
Pigors, Sascha
Renken, Matthias
Robrahn, Bastian
Ruemper, Nico
Salifu, Benjamin
Samuelsson, Fridrick
Schaffer, Angelo
Schiereck, Sven
Schneider, Thomas
Schwanemann, Jens
Seltmann, Michael
Toenissen, Hannes
Troemel, Christian
Wierks, Dennis
Zimmermann, Daniel

BETRIEBSÄRZTLICHER DIENST

Lutoslawska, Magorzata, Dr.
Renz, Irmtraut

BETRIEBSINGENIEURE

Adler, Joachim
Bechtle, Bernd
Beiler, Thorsten
Jakob, Eva-Maria, Sekretärin
Kerschek, Oliver
Kluge, Wolfgang
Koch, Peter

Ludemann, Rolf
May, Sven
Pigors, Uwe
Schmidt-Zober, Georg

BETRIEBSLEITUNG PRODUKTION

Ehlers, Ingo *(Leitung)*

BETRIEBSRAT

Rosche, Klaus *(Vorsitzender)*
Klonus, Ronald
Ritter, Harald
Ruetz, Burkhard

BOTEN

Hille, Wolfgang
Kontny, Christian

DOCKZENTRALE MEISTER

Reese, Juergen *(Leitung)*

DOCKZENTRALE

Benecken, Torsten
Blaumann, Herbert
Handelmann, Werner
Klinner, Michael
Kruse, Manfred
Kueck, Ulf
Rademacher, Juergen
Reschkowski, Michael
Spichal, Ulf

DREHEREI

Buck, Volker

Ilk, Juergen
Illguth, Horst
Lappoehn, Rolf
Sander, Klaus
Schilling, Michael
Schneider, Kurt
Walther, Norbert

E-ABT./TRANSP./ZENTRALE

Hinrichs, Peter *(Leitung)*
Benthe, Heike, Sekretärin

E-ABTEILUNG MEISTER

Paulsen, Hans-Peter

E-ABTEILUNG

Bartels, Heiko
Behrens, Kai
Buggeln, Hartmut
Classen, Michael
Cordts, Andreas
Goetz, Alfred
Klibisch, Toni
Nachtweih, Joachim
Oelrich, Egon
Schmidt, Ernst
Schmidt, Heino
Schnick, Juergen
Tietjen, Peter
von Borstel, Claus
Wiermann, Frank

EDV

Bornemann, Michael
Hilbers, Manfred

E-SCHWEISSEREI MEISTER/VORMANN
Petarus, Olaf
Schult, Deltef
Tietjen, Ralf

E-SCHWEISSEREI
Acet, Zuehtue
Bal, Cemal
Barkhorn, Rainer
Becker, Michael
Boehm, Uwe
Buth, Bernd
Droege, Dietmar
Garnatz, Hans-Helmut
Gierak, Oliver
Grafelmann, Guido
Halcin, Halil
Helmke, Klaus
Hohn, Hans-Dieter
Ilkbahar, Asim
Jongeling, Johann
Mezei, Janos
Mueller, Klaus
Mueller, Peter
Nowacki, Juergen
Nuebel, Heiko
Paurat, Sven
Reiner, Joachim
Reiprich, Thorsten
Schmidt, Lueder
Schoett, Claus
Sties, Norbert
Stuhr, Helmut
Uestuenel, Ertan

FAHRDIENST
Reh, Uwe

FEUERWEHR
Blome, Eilert
Himme, Joerg
Oertel, Hugo

FINANZ- UND RECHNUNGSWESEN

Fiedler, Hartmut *(Leitung)*
Campen, Hans-Peter
Edlich, Ralf
Meenzen, Maren
Rothe, Hartmut
Siemer, Andreas
Sprie, Hans-Udo
Tiedemann, Juergen
Weppner, Peter

GERÜSTBAU

Beckmann, Andreas
Beneken, Frank
Bicker, Klaus-Peter
Gerken, Andreas
Niemeyer, Helmut
Richter, Uwe
Wermann, Rainer
Wiedenstried, Ulf

HAUSMEISTER

Guttrof, Juergen

KRANFÜHRER

Aldag, Heino
Bothen, Nils
Breuer, Norbert
Fabrytzek, Manfred
Griese, Joern
Hermann, Peter
Lohmann, Peter
Peters, Hans-Dieter
Sauer, Peter
Schulz, Manfred
Volkmann, Rolf
Willmann, Dieter

LÄGER

Brauns, Kurt *(Leitung)*
Borrmann, Bernd-Ruediger

LAGERHALTUNG

Glissmann, Uwe
Gosch, Manfred
Preuss, Michael
Schroeder, Joerg

MASCHINENBAU/ALU- UND EDELSTAHLFERTIGUNG

Maedler, Kurt Heiner *(Leitung)*

MASCHINENBAU MEISTER/VORMANN

Dreier, Wilfried
Gutt, Volker
Matte, Oskar
Riemenschneider, Hans

MASCHINENBAU

Aust, Boye-Joachim
Baeuerle, Dieter
Bassen, Volker, von
Bursee, Jochen
Hacker, Wolfgang
Hellwege, Heino
Herzog, Gerhard
Hintringer, Thomas
Hoberg, Oliver
Hochmuth, Werner
Holschen, Alfred
Juergens, Rainer
Kiehn, Alexander
Krause, Holger
Kreutz, Thomas
Lankenau, Hans-Juergen
Lankenau, Sigmar
Lueken, Kai
Martens, Thomas
Mueller, Peter
Nowacki, Peter
Piepenbrink, Detlef
Piotraschke, Frank
Reuter, Holger
Sancken, Jan
Schaefer, Bernd
Schuettler, Karl-Heinz
Springwald, Ludwig
Stein, Manfred
Tietjen, Erich

MASCHINENWERKSTATT MEISTER/VORMANN

Jaeger, Werner
Oelerich, Thomas

MASCHINENWERKSTATT

Daniel, Gerd,
Doescher, Bernd
Frelich, Rainer

Hering, Paul-Wilhelm
Koenig, Klaus-Peter
Kohnke, Lutz
Maertens, Juergen
Markowski, Norbert
Schmidt, Thomas
Schneider, Ralf
Steinhaus, Volker
Stelling, Volker
Templer, Jens

MATERIALWIRTSCHAFT

Brueschke, Horst *(Leitung)*
Bullwinkel, Norbert
Spencer, Susan
Tuchtenhagen, Birthe
Ulbricht, Ruediger
Voelpel, Wolfgang
Wendelken, Horst

MOBILKRÄNE

Engeler, Peter
Guenther, Klaus-Dieter
Herrmann, Conny
Otersen, Uwe
Tietjen, Roger

PERSONALWESEN

Wantje, Klaus-Heiner *(Leitung)*
Ahlfeld, Markus
Pleger-Kammerahl, Andrea
Rubach, Constanze

PROJEKTABTEILUNG

Pallentin, Ruediger *(Leitung)*
Altendorf, Rainer
Beckmann, Lothar
Beisel, Georg
Goetze, Joachim
Grauerholz, Peter
Gutt, Bernd
Hantke, Horst
Hermann, Klaus
Hoyer, Hans-Hermann
Jaekel, Henry
Keller, Friedrich
Kutzner, Wilfried
Luetjelueschen, Wilfried
Manthey, Wolfgang
May, Horst
Nickel, Heinz
Nuenke, Detlef
Schaffer, Christian
Schumacher, Hans-Georg
Seewald, Marion
Stegmann, Andre
Urbrock, Dieter
Weymann, Hans-Juergen
Wilcke, Juergen

PAUSEREI

Greiss, Norbert
Winter, Reinhard

QUALITÄTSSICHERUNG

Brunkhorst, Klaus *(Leitung)*
Bussmann, Volker

RAUMPFLEGE

Kurczewski, Anneliese

ROHR- UND KESSELBAU MEISTER/VORMANN

Burmeister, Juergen *(Leitung)*
Brockmann, Wilfried
Duschek, Joachim
Mueller, Manfred
Srba, Wilfried

ROHR- UND KESSELBAU

Ackenhausen, Thomas
Bednors, Randolf
Blaenk, Horst
Boedecker, Marek
Bruns, Bernd-Helmut
Doescher, Heiko
Feldtange, Wolfgang
Gloger, Thomas
Glueck, Uwe
Harjes, Axel
Heiderich, Peter
Henke, Juergen
Hennes, Andre
Hermann, Andreas
Heyroth, Andreas
Junge, Hans-Guenter
Jungen, Andreas
Kalkowski, Michael
Kiel, Andreas
Kietzmann, Sven
Kindervater, Oliver
Kisker, Arno

Klose, Wolfgang
Kobbenbring, Dennis
Korte, Jens
Kroencke, Ralf
Kruck, Andreas
Krueer, Guenter
Krueer, Sven
Ladewig, Andreas
Lehmann, Werner
Luehrs, Gerhard
Mangels, Georg
Matzkows, Ulrich
Menken, Lothar
Meyer, Detlef
Murawski, Wolfgang
Nordhusen, Holger
Olschewski, Rudolf
Osmers, Peter
Pagel, Thomas
Pollakowski, Alfred
Reiner, Bernd
Riemann, Hans-Joachim
Rosteck, Reinhard
Sahl, Danny
Sander, Eckard
Sandersfeld, Peter
Schroeder, Marko
Schroeder, Markus
Schroeter, Frank
Schuettler, Reinhold
Storch, Volker
Stratmann, Heiko
Strebkowski, Dieter
Suhling, Olaf

Tantzen, Hartmut
Thielbar, Andreas
Tingler, Peter
Trakowsky, Hans
Trakowsky, Helmut
Tuskan, Marinko
Waller, Thomas
Wecks, Sven
Weidner, Bodo
Wesenberg, Rolf
Wiede, Thomas

SANITÄTSSTELLE
Ulrich, Wilfried

SCHIFFBAU MEISTER/VORMANN
Haarbeck, Peter
Itner, Rolf-Joachim
Janssen, Winfried
Opalka, Holger
Teschner, Hans-Joachim

SCHIFFBAU

Adam, Ingo
Albers, Maik
Alberts, Jens
Ambrasas, Guenther
Ammersbach, Bernd
Bade, Rolf
Bauermeister, Wolfgang
Beneken, Dieter
Berlin, Uwe
Biller, Detlef
Boeger, Heinz-Dieter
Boenisch, Guenter
Claus, Herbert
Conrads, Werner
Drathjer, Dieter
Fankhaenel, Egon
Fenrich, Arsenius
Fricke, Karl-Friedrich
Friedrisczyk, Uwe
Geils, Hellwig
Goebel, Hans-Joachim
Gottschalk, Werner
Grafelmann, Elmar
Grohmann, Bernd
Gronau, Horst
Grotheer, Hartmut
Gruenhagen, Andreas
Guenther, Peter
Guzman-Abiera, Alexander
Hagenah, Stefan
Harjes, Jens
Hinz, Guenter
Holst, Stefan
Kirchhoff, Frerd
Kolk, Kai
Kollmann, Reiner
Krause, Dieter
Kueber, Dieter
Kueck, Michael
Kuhn, Holger
Leu, Frank
Mitschlatis, Helmut
Moeller, Uwe
Poeverlein, Harry
Ratje, Joerg
Rauhbusch, Detlef
Ricklefs, Volker
Romeike, Manfred
Schiereck, Bjoern
Schwenn, Helmut
Staats, Helmut
Teschner, Hans-Georg
Victoria, Michael
Warias, Ulrich
Wiederholz, Heinz-Erwin
Wolf, Artur
Wolff, Oswald

SCHWIMMKRANFÜHRER

Karp, Karl-Heinz

SEKRETÄRINNEN

Brunckhorst, Sylvia
Hiznicenko, Ulrike
Ludemann, Susanne
Moeller, Britta
Stuemer, Ingeborg

SERVICE-ABTEILUNG UND UMWELT
Satow, Kurt *(Leitung)*

SICHERHEITSING.
Raila, Winfried

TISCHLEREIMEISTER
Schaeffner, Horst

TISCHLEREI
Dzewas, Martin
Hoeljes, Thorsten
Imhoff, Lutz
Leede, Hans-Dieter
Neumann, Joerg
Schroeter, Uwe
Westphal, Herbert
Wilken, Jens

TRANSPORT MEISTER
Leck, Werner

TRANSPORT
Bunjes, Friedhelm
Canada-Paro, Jose-Miguel
Dopico-Franco, Francisco
Eckel, Heinz
Gruenhagen, Ernst
Hemken, Jens
Hollmann, Wilhelm
Pargmann, Henry
Rademacher, Hartmut
Sommerfeld, Joerg
Stenger, Wolfgang
Toreiro, Albino

WACHDIENST
Grashorn, Rainer
Hermann, Klaus
Heyen, Udo
Winkler, Peter

ZIMMEREI/ DOCKZIMMEREI MEISTER
Adickes, Uwe
Meyer, Ronald

ZIMMEREI
Baltrusch, Juergen
Breden, Hans-Heinrich
Bruening, Holger
Gehrsen, Heiko
Hemeyer, Heinz
Kauschmann, Ruediger
Kleemeier, Mirco
Lukait, Karsten
Meinecke, Joerg
Neese, Frank
Oehsen, Peter, von
Riggers, Reiner
Robran, Heinz-Otto
Schroeder, Heinz
Sommer, Manfred
Strebkowski, Ralf

Stand September 1999
EHEMALIGE DER LLOYD WERFT BREMERHAVEN GMBH

Adam, Dieter
Adden, Egon
Adickes, Erich
Alexander, Rudolf
Alpers, Richard
Angermueller, Gerhard
Anker, Wolfgang
Annel, Wilhelm
Apiarius, Theodor
Appel, Adolf
Arndt, Ernst
Asche, Wilhelm
Aufderheide, Ewald
Aukschlat, Helmut
Aven, Jonni
Baedecker, Heinz-Gerold
Bank, Otto
Barkhorn, Adolf
Barkhorn, Walter
Barkhorn, Werner
Barre, Bernhard
Bartels, Hermann
Bartsch, Heinz
Bauerfeind, Bruno
Baumeyer, Bernd
Baxmann, Manfred
Becker, Albert
Becker, Andreas
Becker, Manfred
Beckhoff, Heinz
Beeck, Gerhard
Behmer, Claus
Behnke, Artur
Behnke, Egon

Behrens, Dieter
Behrens, Heinz
Behrens, Ralf
Behrje, Walter
Behrmann, Karl-Heinz
Belic, Ante
Bendig, Manfred
Benjes, Wilfried
Bentz, Hans
Berg, Carl-Georg
Bergmann, Herbert
Bergmann, Rudolf
Bernack, Eva
Bernatzky, Karl-Heinz
Beuermann, Heinz
Beulke, Guenter
Biermann, Ernst
Binnemann, Hans
Birnbaum, Heinz
Birreck, Bruno
Blanck, Hermann
Blaszyk, Walter
Blome, Heinrich
Blomenkamp, Hans
Bloom, Adolf
Blueher, Kurt
Blume, Hans-Richard
Bock, Robert
Bode, Gerhard
Boehm, Kurt
Boesemann, Marga
Boetjer, Egon
Boetjer, Karl
Boettcher, Egon

Bogner, Horst
Bohne, Helmut
Boldt, Erich
Borcherding, Walter
Boreck, Dieter
Bornewski, Heinz
Bose, August
Bothe, Heinz
Braeuer, Ernst
Brandes, Hans
Brandt, Adalbert
Brandt, Werner
Branitzki, Rolf
Braune, Rolf
Bredenkamp, Heinz
Breitschuh, Norbert
Bremer, Adolf
Bremer, Helmut
Brendemuehl, Werner
Brick, Karl-Heinz
Broeckel, Guenter
Broesche, Wilfried
Brueckner, Hans
Bruenjes, Hans
Bruenjes, Hinrich
Bruns, Georg
Bruns, Karl-Heinz
Buchholz, Dieter
Buchholz, Guenter
Buck, Claus
Buddenberg, Lieselotte
Buecking, Rudolf
Buehmann, Jonni
Bueter, Wilhelm

Buettner, Gustav
Buggeln, Hans-Werner
Buhr de, Hanne
Burmester, Wilhelm
Buschhardt, Bernhard
Buschhardt, Werner
Buschhorn, Friedrich-Wilhelm
Buschmann, Peter
Busekroos, Fritz
Buss, Adolf
Buss, Fritz
Buss, Johann
Cappelmann, Guenter
Chilinsky, Gerhard
Claussen, Christian
Conradt, Horst
Cremer, Dieter
Cremer, Marion
Dahm, Walter
Daiser, Agathe
Damaske, Hans-Joachim
Dammeyer, Heinz
Danielmeyer, Kurt
Danjus, Herbert
Deneffe, Arno
Desch, Walter
Detke, Walter
Dettmer, Fritz
Deutsch, Luise
Dewitz, Guenter
Diekmann, Willy
Dietrich, Heinrich
Dittmann, Guenther
Doege, Karl

Doering, Kurt
Domdalski, Dieter
Domeyer, Heinrich
Domhoff, Wilhelm
Domnowski, Alfred
Drechsler, Egon
Drewitz, Gisela
Droege, Herbert
Druener, Gustav
Dueker, Guenther
Dulkies, Alfred
Dulkies, Anita
Dwehus, Erwin

Dziatzko, Hans-Rainer
Dziennik, Paul
Eckert , Rolf
Edlich, Helmuth
Eefting, Hermann
Eggers, Richard
Ehlen, Hermann
Ehlers, Fritz
Ehlers, Karl-Heinz
Ehlert, Guenter
Ehlert, Joachim
Eickemeier, Franz

Eilers, Rudolf
Eisenhauer, Charlotte
Elsen, Werner
Enderweit, Richard
Engel, Emil
Engelke, Johann
Engelke, Karl

Engels, Wilhelm
Ennen, Bernhard
Ewert, Sigurd
Felde, Harald, Thom
Felgner, Klaus
Fiehn, Erwin
Figuth, Klaus
Filter, Wolfgang

Fink, Ludwig
Fischer, Eberhard
Fischer, Werner
Flemme, Horst
Framke, Friedrich
Frank, August
Freese, Adolf
Freibote, Willy
Freimann, Karl-Heinz
Freitag, Guenter
Frerichs, Helmut
Fresen, Karl-Heinz
Freudenberg, Udo
Froeh, Albin
Funk, Otto
Gaida, Kurt
Galewski, Otto
Gamrow, Fritz
Garbe, Rudi
Garrelts, Johann
Gauss, Dieter
Gayde, Helmut
Geller, Wilfried
Gensch, Erhard
Gensch, Otto
Gentsch, Max
Georgi, Rolf
Gerbracht, Willi
Gercken, Erich
Gercken, Johann
Gerken, Dieter
Glahn, Horst, von
Glahn, Ewald, von
Glander, Gerda

Glaw, Reinhard
Glissmann, Herbert
Gloede, Franz
Gloede, Martin
Goehringer, Hermann
Goetten, Walter
Gonschorek, Hans
Grafen, Gerd
Gramatzki, Henry-Otto
Grewe, Werner
Grieger, Wilma
Grimmer, Walter
Grob, Leo
Groenewold, Wilfried
Gross, Gerhard
Grotheer, Ernst August
Grotheer, Heinrich
Gruhl, Herbert
Grundmann, Hans
Gryszick, Emil
Haase, Georg
Haase, Guenter
Haase, Uwe
Haegermann, Guenter
Haehne, Walter
Haetzold, Katharina
Hagenah, Adelheid
Hahn, Erich
Hahn, Hermann
Hamann, Werner
Hamje, Fritz
Hannig, Gerhard
Hansen, Erhard
Hansen, Herbert

Harms, Holger
Harms, Karl
Harmsen, Georg
Hartje, Ingrid
Hasse, Ralf
Hasselbach, Karl
Heckert, Kurt
Heide, Helmut, von der
Heiling, Franz
Heiner, Guenter
Heinze, Erwin
Helst, Hinrich
Hempel, Gerhard
Henke, Robert
Hennes, Manfred
Hensel, Joachim
Herbach, Ewald
Herrmann, Erich
Heyen, Helmut
Heyer, Dieter
Hillens, Hans-Guenter
Hillmer, Bodo
Hinck, Hans
Hinck, Johann
Hittmeyer, Walter
Hoeppner, Erich
Hoermann, Werner
Hoffmann, Karl
Hoffmann, Margarethe
Hohorst, Karl
Holling, Adolf
Holtschneider, Friedrich
Hoppe, Herbert
Horstmann, Egon

Horstmann, Karl-Heinz
Huebner, Franz
Huebner, Karl
Huebner, Lianne
Huebner, Rolf
Huelsebus, Hans-Dieter
Huelsmann, Klaus
Huenerberg, Harald
Husemann, Manfred
Ihmels, Walter
Illguth, Wolfgang
Immoor, Theodor
Irsack, Artur
Jadischke, Waldemar
Janssen, Harald
Janssen, Onno
Jensen, Dieter
Jobst, Erwin
Joens, Helmut
Johanns, Heinz
Jung, Marga
Junge, Adolf
Junge, Walter
Junge, Werner
Kaehms, Kurt
Kaesebier, Heinz-Herbert
Kaesshoefer, Dieter
Kalkowski, Heinz
Kalus, Heinz
Karp, Adolf
Karpowski, Guenter
Kathmann, Egon
Kathmann, Heinrich
Katt, Guenter

Kaune, Artur
Kaune, Werner
Kersten, Carl-Heinz
Kerwien, Werner
Kiebel, Lothar
Kieck, Guenter
Kieck, Juergen-Dieter
Kieckhaefer, Ernst
Kiesewetter, Oskar
Kimmeskamp, Wilhelm
Kipp, Herbert
Kirchheck, Heinrich
Kirchhoff, Walter
Kirschenlohr, Hans
Kittlaus, Karl-Hermann
Kleemann, Heinrich
Kleemeier, Manfred
Klein, Adolf
Klein, Gerhard
Kleine, Helmut
Klimaschefski, Friedrich
Klose, Peter
Knake, Harry
Knauerhase, Walter
Knaussmann, Harald
Knieriem, Rolf
Knoop, Wilhelm
Knopf, Erhold
Knudsen, Hans-Georg
Koch, Heinz
Koehn, Erwin
Koerner, Alfons
Koester, Heinrich
Kohnke, Bernhard

Kolpe, Erika	Laida, Erich	Mangels Ernst
Komander, Walter	Lammers, Guenter	Mangels, Herbert
Konopka, Ilse	Landes, Fritz	Manternach, Rolf
Koop, Harry	Landwehr, Karl	Marcus, Karl
Koopmann, Karl-Heinz	Langejuergen, Herbert	Martens, Hans
Koropp, Kurt	Laubner, Gerhard	Martens, Helmut
Korritter, Adolf	Leede, Georg	Martens, Horst-Dieter
Kotzur, Hans	Leede, Johanne	Marwitz, Friedrich
Kowitz, Helmut	Lehmann, Heinz	Mathenia, Paul
Kowitz, Otto	Lehmann, Heinz	Matthaei, Kurt
Kraft, Klaus	Lehn, Anica	Matthiessen, Heinz
Kramer, Horst	Lehnert, Erich	Matzkows, Emil
Kranz, Arno	Lemkau, Rudolf	Matzkows, Karl
Krause, Annalisa	Lenkeit, Gerhard	Meenzen, Hasso
Krause, Wolfgang	Lex, Donat	Meier, Hermann
Krebs, Gerhard	Lieth, Walter, von der	Meinke, Uwe
Kreyssig, Rosemarie	Lilie, Heino	Mende, Heinz
Kroehnert, Arthur	Lindemann, Otto	Menge, Albert
Krueger, Johannes	Lindner, Wolfgang	Mertins, Helmut
Krumsiek, Dieter	Lindstedt, Hermann	Meseke, Johann
Kubillus, Hans	Linke, Klaus-Juergen	Meyer, Helmut
Kueck, August	Lodders, Helmut	Meyer, Klaus
Kueck, Johann	Loescher, Werner	Meyer, Marion
Kuehn, Erich	Lohmeyer, Karl-Hermann	Michalski, Guenter
Kuehnau, Klaus	Lonau, Juergen	Michnikowski, Bruno
Kuhlmann, Rolf	Lorenz, Herbert	Miesner, Johannes
Kuhlus, Karl-Martin	Lorenz, Walter	Milewski, Erich
Kuhr, Willy	Loske, Karl-Heinz	Minden, Heinrich, von
Kull, Rudi	Luedemann, Johann	Mittelstaedt, Bruno
Kuller, Peter	Luedemann, Rolf	Modersitzki, Egon
Kunert, Wilhelm	Lueders, Kurt	Moehring, Werner
Kunze, Heinz	Maedler, Kurt	Moeller Heinz
Kurschus, Hans	Main, Richard	Muecke, Helmut
Kuttig, Walter	Malicki, Heinz	Mueller, Albert

Mueller, Egon	Ossowski, Erich	Rathjen, Hans
Mueller, Franz	Osterndorf, Bernhard	Rawald, Horst
Mueller, Harry	Otte, Gerhard	Redmann, Ulrich
Mueller, Helmut	Otte, Wolfgang	Regul, Helmut
Mueller, Helmut	Pargmann, Karl-Hermann	Regul, Klaus
Mueller, Kurt	Patri, Ernst	Reimann, Werner
Mueller, Marlene	Patzke, Helmut	Reindl, Erwin
Mueller, Martin	Perkatz, Marianne	Reinheimer, Gerhard
Mueller, Walter	Persson, Karl-Heinz	Reinke, Johann
Muenkel, Ernst	Peter, Adolf	
Muschter, Ernst-Waldemar	Peters, Friedel	
Nau, Johannes	Peters, Heino	
Nemitz, Heinz	Peters, Johann	
Nendza, Reinhard	Peters, Lueder	
Neubauer, Udo	Pfeiffer, Wilfried	
Neuelmann, Annemarie	Piastowski, Achim	
Neuer, Gerhard	Pilling, Walter	
Neumann, Alfred	Pirch, Willy	
Nielow, Guenter	Plate, Wilhelm	
Nielow, Richard	Plesch, Joachim	
Niemann, Ernst	Pogrzeba, Josef	
Nork, Walter	Pols, Hans-Adelbert	
Nothmann, Werner	Popken, Heinz	
Nowakowski, Viktor	Powroznik, Johann	
Nutzhorn, Hinrich	Pratsch, Egon	Reiprich, Horst
Oelfke, Hans-Dieter	Preckel, Werner	Reisen, Ernst
Oelrichs, Erich	Priklenk, Bruno	Renner, Horst
Oelrichs, Holger	Puelschen, Harri	Reppner, Klaus
Oelrichs, Willi	Putz, Rudi	Reuter, Richard
Oesterheld, Walter	Quaas, Erwin	Richter, Ernst
Ohland, Klaus	Raab, Martin	Riege, Walter
Ohmstedt, Heinz	Rahn, Fritz	Rieger, Uwe
Olomski, Wilhelm	Ramm, Oskar	Ringshauser, Rolf
Ossig, Guenter	Ramsel, Hermann	Ritter, Horst

Ritter, Peter
Roehn, Guenter
Roeper, Werner
Roesner, Karl-Heinz
Rohde, Ernst
Rohdieck, Herbert
Romeike, Heinz
Rotermund, Paul-Georg
Rothmann, Fritz

Rudolph, Uwe
Ruebcke, Horst
Ruecker, Walter
Ruehmkorf, Heinrich
Ruff, Quido
Rupschus, Kurt
Rybarczyk, Helmut
Sandammeer, Theodor

Sander, Heinrich
Sassen, Georg
Sassen, Guenter
Saupe, Otto
Schade, Hermann
Schaede, Helmut
Schalinski, Helmut
Scheinert, Hartmut
Schell, Meta
Schewe, Wilfried
Schier, Udo
Schiffers, Heinrich
Schild, Karl-Heinz
Schilling, Adolf
Schlaphof, Harry
Schley, Rudi
Schliep, Ingeborg
Schmick, Ewald
Schmidt, Friedrich
Schmidt, Georg
Schmidt, Harald
Schmidt, Heinz
Schmidt, Heinz
Schmidt, Horst
Schmidt, Karl-Heinz
Schnars, Eberhard
Schnauffer, Luise
Schniering, Herbert
Schnur, Johannes
Schoettke, Udo
Schoon, Wolfgang
Schramm, Horst
Schroeder, Harald
Schroeder, Horst

Schroeder, Lothar
Schroeder, Paula
Schubert, Guenter
Schuelke, Arno
Schuette, Helmut
Schulz, Oskar
Schumacher, Guenter
Schumacher, Horst
Schwarting, Alwin
Schwarting, Helmut
Schwarting, Karl
Schwarz, Ernst
Seebeck, Karl-Heinz
Seisel, Werner
Seitz, Herta
Selgrath, Kurt
Sethmann, Horst
Sill, Walter
Simroth, Walter
Skambraks, Franz
Skoczylas, Peter
Skoeries, Werner
Sobania, Hildegard
Soehl, Guenter
Soehn, Josef
Sokolleck, Harry
Sommerfeld, Theodor
Sperling, Guenter
Spichal, Otwin
Spletter, Erhard
Spletter, Kuno
Stahmann, Helmut
Stahmann, Johann
Stanglus, Willy

Steffens, Dieter
Steffens, Herbert
Stegitz, Wilfried
Stegmann, Siegfried
Steidl, Wilfred
Stelling, Hinrich
Stelljes, Martin
Stiegel, Otto
Stoczek, Dieter
Stoecker, Franz
Stritzke, Werner
Strueber, Juergen
Stuehrmann, Helmut
Szidat, Claus-Dieter
Tanke, Harald
Tantzen, Eberhard
Tantzen, Guenter
Tapper, August
Tapper, Elenore
Taschenberger, Siegfried
Teich, Hans-Dieter
Teschner, Siegfried
Tetzlaff, Paul
Thiel, Walter
Thieler, Helmut
Thiermann, Heinrich
Thies, Wolfgang
Thoden, Heinrich
Tietje, Egon
Tietje, Herta
Tietjen, Karl
Tietjen, Karl-Heinz
Tietz, Alfred
Tittel, Herbert

Tobias, Manfred
Toehl, Hermann
Totzke, Harry
Twistern, Karl-Heinz, von
Ulich, Karl
Unruh, Franz
Vierke, Franz
Vieroth, Horst
Voges, Karl-Georg
Volkmann, Gerhard
von Glahn, Wilfried
Voss, Guenter
Walkling, Erich
Wallach, Heinrich-Georg
Walter, Alfred
Walter, Bruno
Walter, Rudolf
Warm, Karl-Heinz
Warner, Herbert
Wartberg, Wilfried
Wawrzyniak, Johann
Weber, Alfred
Weber, Franz
Weber, Theo
Weidinger, Wilfried
Weinle, Karl-Wurt
Weisenmoeller, Horst
Weller, Albert
Wenzel, Horst
Westermann, Wilhelm
Westphal, Hans
Westphal, Karl
Westphal, Otto
Westphal, Peter

Westphal-Blome, Marita
Wicke, Karl
Wickert, Wilhelm
Wiebusch, Ernst
Wiedemann, Johannes
Wilkens, Erich
Willenbrock, Carl
Willmann, Georg
Windhorst, Heinrich
Winsemann, Rudolf
Winter, Erich
Wissmann, Bernd
Witkowski, Rudi
Witt, Hannsjuergen
Witte, Heinz
Wittpenn, Herbert
Woestehoff, Heinrich
Wohlers, Johann
Wojciechowski, Manfred
Wolf, Franz
Woltmann, Werner
Wrobel, Franz
Wuensch, Harald
Wuest, Hans
Wurl, Elisabeth
Wyrwa, Ernst
Zasowski, Hans-Joachim
Zaubitzer, Guenter
Zielke, Hans
Ziemens, Bernhard
Zimath, Friedrich
Ziolkowski, Juergen
Zwick, Gustav
Zwirlein, Erich

ERBAUT in den Jahren 1896-1899

Mitarbeiter der Lloyd Werft im Kaiserdock I

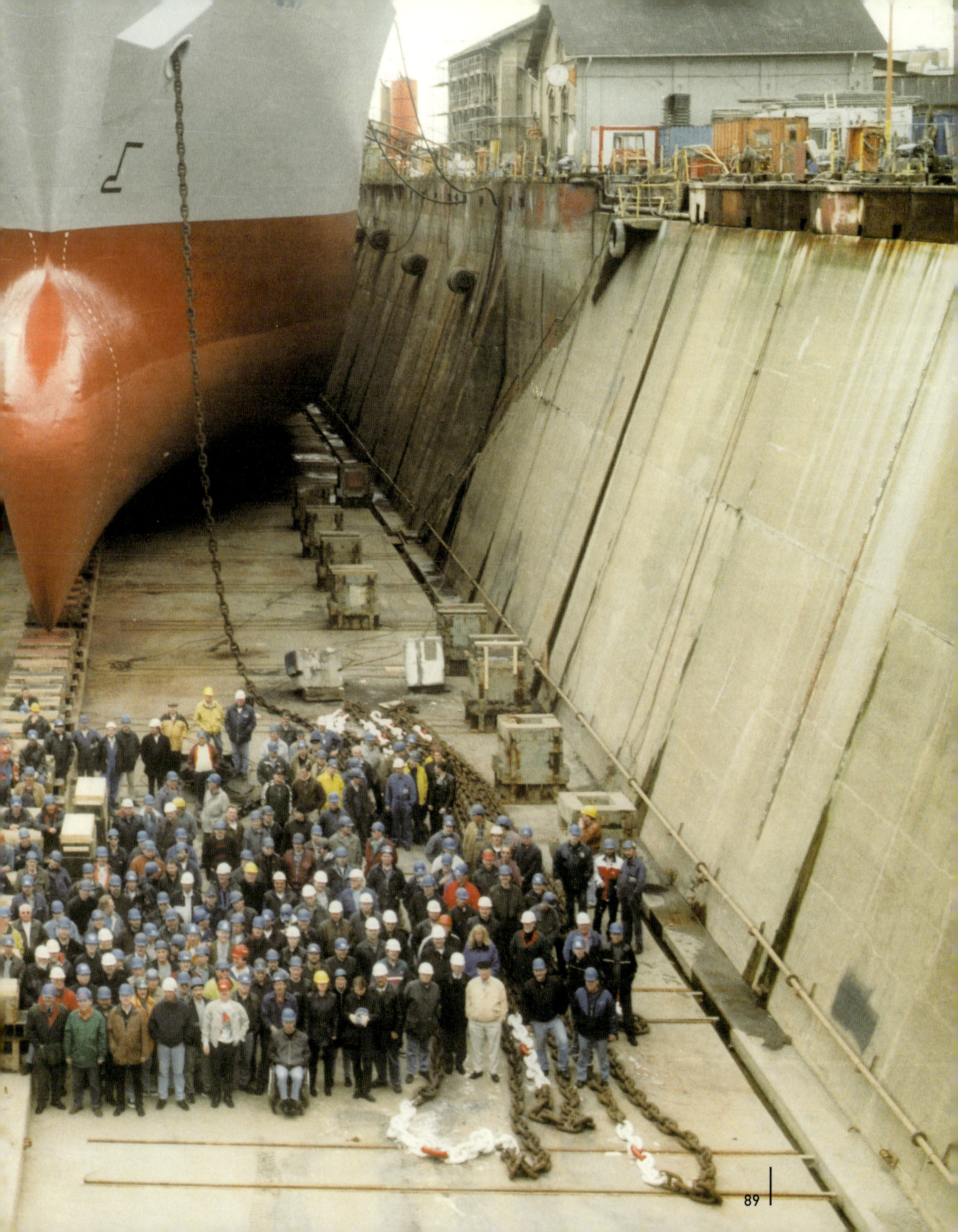

alphabetische Reihenfolge
BENUTZTE LITERATUR

ALPHABETISCHES VERZEICHNIS DER DEUTSCHEN KAUF-
FAHRTEISCHIFFE, Berlin

ALTHOF, WOLFGANG
Schiffe der Welt: Welt der Kreuzfahrtschiffe
Hamburg 1994

ARBERT, HANS JÜRGEN
Die deutsche Handelsmarine 1870-1970
Ratzeburg 1987-1991

BRENNECKE, JOCHEN
Tanker, 2. Auflage
Herford 1980

CLAVIEZ, WOLFRAM
Seemännisches Wörterbuch, 3. Auflage
Bielefeld 1994

FISSER, MARC
Seeschiffbau an der Unterweser
in der Weimarer Zeit (=Veröffentlichungen
des Stadtarchivs Bremerhaven, Bd. 10)
Bremerhaven 1995

GERMANISCHER LLOYD
Internationales Register
Berlin und Hamburg

HAMECHER, HORST
Königin der See. Fünfmast-Vollschiff „PREUSSEN",
Hamburg 1969

HANDBUCH FÜR DIE DEUTSCHE HANDELSMARINE
Berlin

HANSEN, CLAS BRODER
Die deutschen Passagierschiffe 1816-1990
Gräfeling vor München 1990

HILDEBRAND, HANS H.; RÖHR, ALBERT
UND STEINMETZ, HANS-OTTO
Die deutschen Kriegsschiffe. Biographien – ein
Spiegel der Marinegeschichte 1815 bis zur Gegen-
wart, Bd. 4
Herford 1981

HOCHHAUS, KARL-HEINZ
Deutsche Kühlschiffahrt (1902-1995)
Bremen 1996

KLINGBEIL, PETER
Die Flying P-Liner. Segelschiffe d. Reederei F. Laeisz
Bremerhaven 1998

KLUDAS, ARNOLD
Die Geschichte der deutschen Passagierschiffahrt,
5 Bde.
Hamburg 1986-90

KLUDAS, ARNOLD
Die großen deutschen Passagierschiffe, 3. Auflage
Oldenburg und Hamburg 1971

KLUDAS, ARNOLD
Die großen Passagierschiffe der Welt, 4. Auflage
Hamburg 1997

KLUDAS, ARNOLD
    Rickmers 1834-1984. 150 Jahre Schiffbau und Schiffahrt
    Herford 1984

KLUDAS, ARNOLD
    Die Seeschiffe des Norddeutschen Lloyd
    1857 bis 1970
    Augsburg 1998

KLUDAS, ARNOLD UND WITTHOHN, RALF
    Die deutschen Kühlschiffe
    Herford 1981

LLOYD'S REGISTER OF SHIPPING
    London

LLOYD WERFT BREMERHAVEN GMBH, (HRSG.)
    Queen Elizabeth 2. Die Geschichte eines Umbaus
    Bremerhaven 1987

LLOYD WERFT BREMERHAVEN GMBH, (HRSG.)
    Again no. 1 – SS "Norway"
    Bremerhaven 1991

LLOYD WERFT BREMERHAVEN GMBH, (HRSG.)
    2 + 1 = 1. Länger, größer, schöner. Wie die Lloyd
    Werft drei Kreufahrtschiffe der Norwegian Cruise
    Line umbaute
    Bremerhaven 1999

NEUBAUR, PAUL
    Der Norddeutsche Lloyd, 2 Bde.
    Leipzig 1907

PETERS, DIRK J.
    100 Jahre Kaiserschleuse Bremerhaven.
    In: Niederdeutsches Heimatblatt, 1997, Nr. 572

PETERS, DIRK J.
    Kaiserdock I mit Maschinenhaus 100 Jahre in Betrieb.
    In: Niederdeutsches Heimatblatt, 1999, Nr. 596.

PETERS, DIRK J.
    Von der Reparaturwerkstatt zur Lloyd Werft
    In: Niederdeutsches Heimatblatt, 1985, Nr. 430

PETERS, DIRK J.
    Der Seeschiffbau in Bremerhaven von der
    Stadtgründung bis zum Ersten Weltkrieg
    (=Veröffentlichungen des
    Stadtarchivs Bremerhaven, Bd. 7), 2. Auflage
    Bremerhaven 1992

ROTHE, CLAUS
    Schiffe der Welt: Welt der Passagierschiffe
    unter Hammer und Sichel
    Hamburg 1994

RUDLOFF, R., CLAUSSEN, F. UND GÜNTHER, O.
    Die Bremerhavener Hafen- und Dock-Anlagen
    und deren Erweiterung in den Jahren 1892-1899
    Hannover 1903

SCHÄUFFELEN, OTMAR
    Die letzten großen Segelschiffe
    Bielefeld 1994

SCHNAKE, REINHARD
  Schlepper des Norddeutschen Lloyd 1857-1970/
  Hapag-Lloyd, Transport & Service 1970-1994
  (=Geschichte der Schleppschiffahrt, Bd. 3)
  Hamburg 1995

STEGMANN, SIEGFRIED
  Die Lloyd Werft. Von der Werkstatt zum großen
  Reparaturbetrieb, unveröffentliches Manuskript
  Bremerhaven 1998

Verzeichnis der Fotografen und Fotoarchive
BILDNACHWEIS

Deutsches Schiffahrtsmuseum, Bremerhaven
Seite 8, 14, 19, 21, 24, 25, 26, 27, 28, 29, 30, 31, 33, 36, 40

Hans Engler, Lloyd Werft Bremerhaven GmbH
Seite 8, 52, 53, 56

Flenderwerft, Lübeck
Seite 58

Focke-Museum, Bremen
Seite 19

Arnold Kludas, Grünendeich
Seite 23

Hapag Lloyd AG, Hamburg
Seite 15, 16, 20

Lloyd Werft Bremerhaven GmbH, Bremerhaven
Seite 33, 39, 41, 45, 55, 63, 64, 65, 70, 71, 72, 74, 77, 78, 79, 81, 82, 85, 86

Lufthansa-Foto/Deutsches Schiffahrtsmuseum, Bremerhaven
Seite 22, 32

Rüdiger Lubricht, Worpswede
Seite 10, 11

Morgenstern-Museum, Bremerhaven
Seite 6, 7

Paul Neubaur, Der Norddeutsche Lloyd, Leipzig 1907,
Seite 15, 17, 18, 20

Nordsee-Zeitung, Bremerhaven
Seite 35, 37, 38, 40, 42, 43, 44, 45, 47, 48, 49, 50, 51, 54, 57

Dirk J. Peters,
Deutsches Schiffahrtsmuseum, Bremerhaven
Seite 7, 89

Kurt Satow, Lloyd Werft Bremerhaven GmbH
Seite 54

Wolfhard Scheer, Schiffdorf
Seite 13, 59, 60, 61, 66, 67, 68, 69, 88, 89

Peter Voss, Lloyd Werft Bremerhaven GmbH
Seite 62

Typogrundlage:
Helvetica Black Kursiv

Farbsystem Euroscala:
Blau, 100% Cyan, 60% Magenta
Orange, 65% Magenta, 100% Gelb

... Ratzen Beb Hodeling 2 mal gestrichen.
Februar 3 aus dem Dock geholt.

N° 22   K. W. d. Grosse.
Februar 6 im Dock gestellt. Tiefgang 26' 9" × 21' 2"
ist nach vorne auf Marks Weise auf dem festen Kielläger
... aufgelegt worden. 54' vom hinten ist 0" — 54' — 6"
... mal gestrichen von Hoffmann mit Ratzens Farbe
Februar 15 aus dem Dock geholt.

N° 23   Pr Heinrich.
Februar 15 im Dock gestellt. Tiefgang 21' × 17' 10"
451' 3" vom Dockschiff, dann 6' 11" nach vorne versetzt worden
h. B. Hodeling Beb Ratzen 2 mal gestrichen.
Februar 19 aus dem Dock geholt.

N° 24   Rhein.
Februar 20 im Dock gestellt. Tiefgang 18' × 15' 7"
... lang 500' breit 58' 14" / 10" Höhe über den festen Stemmstücken
... mal gestrichen von Hoffmann mit Foght'll Farbe.
Februar 22 aus dem Dock geholt. Dann auf ska 60 gestellt ...

N° 25   Maria Bukmers. Helgoland.
Februar 28 im Dock gestellt. Steht 125' 4" vom Dockschiff.
Tiefgang 13' 3" × 11' 2" 10½" 8 7" über den festen Stemmstücken
... lang 409' breit 50' 5"